संघर्षों की उड़ान

पृथ्वी ठाकुर

BlueRose ONE
Stories Matter
NewDelhi • London

BLUEROSE PUBLISHERS
India | U.K.

Copyright © Prithvi Thakur 2025

All rights reserved by author. No part of this publication may be reproduced, stored in a retrieval system or transmitted in any form or by any means, electronic, mechanical, photocopying, recording or otherwise, without the prior permission of the author. Although every precaution has been taken to verify the accuracy of the information contained herein, the publisher assumes no responsibility for any errors or omissions. No liability is assumed for damages that may result from the use of information contained within.

BlueRose Publishers takes no responsibility for any damages, losses, or liabilities that may arise from the use or misuse of the information, products, or services provided in this publication.

For permissions requests or inquiries regarding this publication, please contact:

BLUEROSE PUBLISHERS
www.BlueRoseONE.com
info@bluerosepublishers.com
+91 8882 898 898
+4407342408967

ISBN: 978-93-6783-799-3

Cover Design: Aman Sharma
Typesetting: Pooja Sharma

First Edition: February 2025

अनुक्रमणिका

1. सपना 1
2. गलती 6
3. पश्चाताप 10
4. नया अध्याय 16
5. पहली मुलाकात 23
6. नया शहर 28
7. एक और शहर 32
8. पहला प्रयास 39
9. असली संघर्ष 43
10. सर्द रातें 47
11. कॉलेज और काम 54
12. प्रेरणा 62
13. धोखा 69
14. गुरुजी 73
15. पहला अहसास 77

16. नया मोड़ 81

17. दुखों का पहाड़ और कोरोना 85

18. मौत की दस्तक 92

19. अलविदा 97

20. विश्वासघात 107

21. प्रारंभ 111

1. सपना

माँ, वो ऊपर आसमान में क्या चमक रहा है?" जून की उजली रात में, एक छोटे से गाँव की छत पर, जमीन पर लेटा हुआ मैं अपनी माँ के पास सिमटा था। मेरे नन्हे हाथ आसमान की ओर उठे, आँखों में जिज्ञासा की चमक थी। मैंने भोलेपन से पूछा, "माँ, वो क्या है?"

आसमान में टिमटिमाते तारे और दूर कहीं चलती चमचमाती रोशनी को देखते हुए, मेरी उत्सुकता बढ़ती जा रही थी। माँ ने प्यार भरी मुस्कान के साथ मुझे अपनी बाहों में समेटा और धीरे से बोली, "बेटा, वो एक हवाई जहाज है। लोग उसमें बैठकर आसमान के रास्ते दूर-दूर की जगहों पर जाते हैं।"

मेरी आँखों में सपनों की एक नई दुनिया सजने लगी। उस उजली रात में, मेरी मासूमियत और आसमान की अनंतता ने मिलकर एक अनकहा रिश्ता बना लिया।

मेरी नजरें उस चमचमाती, चलती हुई रोशनी पर टिकी थीं, और मन में ढेर सारे सवाल उमड़ रहे थे। माँ की बातें सुनकर मेरी आँखों में एक नई चमक आ गई, जैसे मैंने सपनों की एक नई उड़ान भर ली

हो। उस रात के बाद, मेरा हर रोज़ का नियम बन गया तारों भरे आसमान को देखना और उन चमचमाती रोशनियों को निहारना। जैसे ही मुझे आसमान में उड़ते उस जहाज की झलक मिलती, मेरे चेहरे पर अचानक एक मासूम सी मुस्कान छा जाती। मेरी आँखों में सपनों की एक नई चमक भर जाती। लेकिन उस रात, मुझे ये एहसास नहीं था कि जो सपना मैंने अपने दिल में सजाया है, उसे पूरा करना इतना आसान नहीं होगा।

आसमान की उन रोशनियों में छिपा मेरा सपना, अब मेरे हर ख्याल में बसने लगा। हर रात मैं अपनी दादी से शेखचिल्ली की मजेदार कहानियाँ सुनता और तारों भरे आसमान को टकटकी लगाए देखता रहता।

मेरा स्वभाव हमेशा से चंचल और जिज्ञासु था। बचपन से ही मेरे भीतर दुनिया को समझने और अपने तरीके से उसे बदलने की धुन थी। मैं कभी शांत नहीं बैठ सकता था। हर वक्त कुछ न कुछ नया करने की चाहत मुझे चैन से रहने नहीं देती। कबाड़ के ढेर में मेरे लिए खजाना छिपा रहता। पुरानी मोटर, टूटे बल्ब, बेकार बैटरी— इन सबमें मैं संभावनाएं देखता। हर बार जब मैं इन्हें उठाकर घर लाता, तो मेरी आंखों में एक चमक होती, मानो मैंने दुनिया की सबसे अनमोल चीज खोज ली हो।

मैं घंटों उनके साथ प्रयोग करता। कभी मोटर को चलाने की कोशिश करता, तो कभी बल्ब को जलाने की। छोटे-छोटे असफल प्रयोग मुझे निराश नहीं करते थे; बल्कि हर बार मैं और जिद्दी हो

जाता। मुझे लगता था कि शायद अगली बार मैं कुछ ऐसा कर जाऊं, जो पूरी दुनिया को हैरान कर दे। मेरी दुनिया छोटी थी, लेकिन उसमें बड़े सपने पलते थे।

हमेशा पैसे की कमी खलती थी। घर में इतना कुछ नहीं था कि मैं अपनी हर जरूरत के लिए पिताजी से पैसे मांग सकूं। और सच कहूं तो, मुझमें उनसे पैसे मांगने की हिम्मत भी नहीं थी। उनका सख्त स्वभाव मेरे लिए डर का दूसरा नाम था। इसलिए मैंने अपनी जरूरतों का इंतजाम खुद करना शुरू किया।

मैं कबाड़ इकट्ठा करता। शराब की खाली बोतलें, टूटे टिन के डिब्बे, और बेकार चीजें चुनकर मैं कबाड़ीवाले की दुकान पर पहुंच जाता। कबाड़ीवाला मुझे "भगवन" कहकर बुलाता, और यह सुनकर मैं मुस्कुराए बिना नहीं रह पाता। वह मजाकिया लहजे में पैसे गिनता, "एक... दो... तीन..." और फिर अंत में कहता, "लो भई, बारह रुपये हो गए!"

उन बारह रुपयों में मुझे अनमोल खजाने की झलक मिलती थी। इन्हीं पैसों से मैं कभी बैटरी खरीदता, तो कभी छोटी-छोटी किताबें। उन किताबों के छोटे-छोटे पन्ने मेरे लिए एक अलग दुनिया के दरवाजे खोलते थे। मैं पढ़ता, समझता, और अपने प्रयोगों में नई चीजें आजमाता। हर दिन मैं खुद को थोड़ा और बेहतर बनाने की कोशिश करता।

जब भी किसी जहाज की आवाज सुनाई देती, मैं सब कुछ छोड़कर वहीं रुक जाता। आसमान की ओर देखता और तब तक निहारता, जब तक हवाईजहाज मेरी आंखों से ओझल न हो जाता। मेरी आंखों में उस वक्त एक अलग ही चमक होती थी। मैं सोचता, क्या मैं भी कभी इन पंछियों की तरह उड़ पाऊंगा? क्या कभी मेरे भी पंख होंगे?

यह सपना मेरे भीतर एक जुनून बन चुका था। मैं हर उस चीज में अपना भविष्य देखता था, जो मुझे ऊंचाई तक ले जा सके। मेरे छोटे-छोटे आविष्कार, मेरे बनाए हुए बल्ब की हल्की रोशनी, और मेरे सपनों की रोशनी—इन सबमें मुझे अपनी मंजिल का आभास होता था।

क्लास में बच्चों को चूरन बेचता, स्टिकर बेचता, और उन पैसों से अपने लिए जरूरी सामान खरीदता।

पिताजी के डर के बावजूद, मेरे भीतर का जुनून इतना मजबूत था कि मैं कभी रुकता नहीं था। उनकी डांट भले मुझे डरा देती, लेकिन मेरे सपने मुझे हर बार आगे बढ़ने की ताकत देते।

बचपन से ही मुझे जानवरों से बहुत लगाव था। कहीं कोई घायल पक्षी या जानवर दिखता, तो मैं उसे अपने पास ले आता। उसकी देखभाल करता, उसे ठीक करने की कोशिश करता। घर के पास एक कुतिया रहती थी, जो अक्सर वहीं मंडराती थी। मैं उसे रोजाना देखता और जो कुछ मिलता उसे खिला देता था

एक दिन मैंने रसोई से रोटी ली और उसे खिलाने की कोशिश करने लगा। लेकिन वह कुतिया मुझसे दूर दीवार के पास खड़ी थी। और मै अपने घर की छत के किनारे खडा हुआ था मैंने रोटी तोड़कर दीवार के नीचे फेंकनी शुरू की। उस पल मैं इतना मग्न हो गया कि अपना संतुलन खो बैठा। अचानक मैं दीवार से नीचे गिर गया।

गिरने का दर्द तो था, लेकिन उससे बड़ा सबक था जो मैंने सीखा। मैंने जाना कि जीवन में जब भी हम किसी के लिए कुछ करते हैं, या किसी लक्ष्य को पाने की कोशिश करते हैं, तो गिरने का डर हमेशा साथ चलता है। लेकिन असली जीत तब होती है, जब हम उस डर से ऊपर उठते है

आज जब मैं उन दिनों को याद करता हूं, तो मुझे एहसास होता है कि हर छोटी चीज—कबाड़, बल्ब, किताबें, या वह कुतिया—सबने मुझे वह इंसान बनाया, जो आज हूं। मेरे सपने अब भी उतने ही बड़े हैं, लेकिन अब मैं उन्हें जीने की हिम्मत रखता हूं गिरने से डरता नहीं, क्योंकि मैंने सीख लिया है कि हर गिरावट के बाद उठना जरूरी है। यही जीवन है। यही मेरी कहानी है।

2. गलती

गाँव की धूल भरी गलियों में मेरा बचपन बड़े ही साधारण तरीके से बीत रहा था। आँखों में छोटे-छोटे सपने पल रहे थे, और जीवन में कुछ बड़ा करने की इच्छा मन के किसी कोने में हमेशा मौजूद रहती थी। 13 साल की उम्र तक मैंने आठवीं कक्षा पास कर ली थी। यह मेरे और मेरे परिवार के लिए एक बड़ी उपलब्धि थी, क्योंकि हमारे गाँव में अधिकांश बच्चे पढ़ाई को सिर्फ औपचारिकता मानते थे।

गाँव में मेरे कुछ करीबी दोस्त थे, जिनके साथ मैं खेलता और सपनों की दुनिया के बारे में बातें करता। हम सबके सपने अलग थे, लेकिन हमारे पास साधन कम और चुनौतियाँ ज्यादा थीं। फिर भी, हमारे बीच विश्वास और दोस्ती का मजबूत बंधन था।

एक दिन, उन्हीं दोस्तों में से एक, रमेश, मेरे पास आया। वह परेशान लग रहा था। उसकी आँखों में डर और असहायता साफ झलक रही थी। उसने कहा, "मेरे चाचा की तबीयत बहुत खराब है। उन्हें दवा के लिए पैसे चाहिए, लेकिन मेरे घर में कोई नहीं है जो मदद कर सके। तू कुछ कर सकता है क्या?"

मैंने पहली बार मना कर दिया। सच कहूं तो, मेरे पास खुद के लिए भी पैसे नहीं थे। लेकिन रमेश की बार-बार की गुजारिश और उसका दुखी चेहरा मुझे अंदर से कचोट रहा था। मैं उसके लिए कुछ करना चाहता था, लेकिन समझ नहीं आ रहा था कैसे। तभी उसने एक सुझाव दिया, जिसने मेरी ज़िंदगी बदल दी।

उसने कहा, "तेरे पापा की दुकान है ना? तू वहां से थोड़े पैसे निकाल ले। मैं कुछ दिनों में सब लौटा दूंगा। किसी को पता भी नहीं चलेगा।"

उस समय मैं नासमझ था और रमेश की बातों में आ गया। मैंने सोचा, थोड़े पैसे लेने से क्या होगा? जब वह पैसे वापस कर देगा, तो सब ठीक हो जाएगा। उस दिन मैंने पहली बार दुकान के गल्ले से पैसे निकाले।

शुरुआत में मैंने सिर्फ ₹50-₹100 निकाले। लेकिन रमेश ने कुछ दिनों बाद और पैसे मांगे। मैं हर बार हिसाब लिख लेता, ताकि जब वह पैसे लौटाए, तो मैं उन्हें चुपचाप गल्ले में रख दूं। लेकिन यह सिलसिला धीरे-धीरे बढ़ता गया। अब तक मैंने बहुत पैसे निकाल लिए थे। और मै बिल्कुल फस चुका था

किसी को बताने की भी हिम्मत नही हुई पर मैने सारा हिसाब कागज के एक पन्ने पर लिख रखा था जिस से मै उस से वो पैसे वापस ले सकू ।

एक दिन, घर की सफाई करते वक्त मेरी दीदी को वह कागज मिल गया, जिस पर मैंने पैसे का हिसाब लिखा था। उन्होंने कागज पढ़ा और उनकी आँखों में गुस्से और चिंता का मिश्रण साफ नजर आया।

उन्होंने मुझसे पूछा, "यह क्या है? तूने पैसे क्यों निकाले?"

मैंने हाथ जोड़कर उनसे कहा, "दीदी, पापा को मत बताना। मैं सब पैसे वापस कर दूंगा। रमेश थोड़े दिनों में पैसे लौटा देगा।" मेरी आँखों में आँसू थे, लेकिन दीदी ने मेरी बात नहीं मानी।

उन्होंने पापा को सबकुछ बता दिया। पापा ने जब यह सुना, तो उनके चेहरे पर गुस्सा और निराशा साफ झलक रहा था। उन्होंने तुरंत गाँव के चचेरे मामा को भी बुला लिया।

थोड़ी देर में चाचा घर पर आ गए। उन्होंने बिना कुछ पूछे मेरा कॉलर पकड़ लिया और गुस्से में कहा, "तू पैसे क्यों लेता है? गुटखा खाता है या कुछ और?"

उनके शब्दों ने मुझे अंदर तक झकझोर दिया। मैंने जो किया, वह किसी की मदद के लिए किया था, लेकिन अब मैं खुद को दोषी महसूस कर रहा था। मेरी चुप्पी ने सबको और ज्यादा गुस्सा दिला दिया। मै बहुत दुखी हुआ और मैने उन्हे सब सच सच बता दिया

पापा बगल में बैठे थे। उनकी आँखों में आँसू थे, और यह पहली बार था जब मैंने उन्हें इस तरह टूटते हुए देखा। उस दिन मुझे समझ

आया कि नासमझी में लिया गया एक गलत फैसला न केवल मुझे, बल्कि मेरे परिवार को भी शर्मिंदगी और दुख दे सकता है।

उस दिन मैंने खुद से वादा किया कि मैं ऐसा कोई काम नहीं करूंगा जिससे मेरे घरवालों को मेरी वजह से शर्मिंदगी उठानी पड़े। मैं बहुत देर तक अकेले बैठा रहा, सोचता रहा कि मैंने यह सब क्यों किया। मैंने सिर्फ मदद करने की कोशिश की थी, लेकिन अंजाम कुछ और ही निकला।पिताजी ने उसी दिन मुझे मजदूर के काम पर लगा दिया। मुझे लगा कि शायद अब मुझे अपनी गलती की भरपाई ऐसे ही करनी होगी। यह काम मेरे लिए एक सजा जैसा था, लेकिन मैं जानता था कि यह सब मेरी करनी का नतीजा था।

आज जब मैं पीछे मुड़कर देखता हूँ, तो वह घटना मेरे जीवन का सबसे बड़ा सबक थी। उस दिन मैंने सीखा कि मदद करना अच्छी बात है, लेकिन बिना सोचे-समझे फैसले लेना गलत हो सकता है।

3. पश्चाताप

दिन जैसे-तैसे कट गया, लेकिन जब रात आई तो जैसे एक नया तूफान खड़ा हो गया। हर रोज़ की तरह उस दिन भी पिता जी ने पी रखी थी। पर फर्क ये था कि आज मेरी बारी थी।

मुझे छत पर ले जाकर लोहे की राड से बेरहमी से पीटा। मेरे भाई ने भी हाथ साफ कर लिए, मेरे सर से खून बहने लगा और वहां मुझे बचाने वाला कोई नही सब मुझे पिटते हुए देख रहे थे वो शायद अपने अंदर के गुस्से को शांत कर रहे थे। लेकिन गुस्से की वो आग मुझ पर टूट पड़ी थी। भलाई करने की सजा ये होगी इस बात का मुझे ज्ञान नही था

उस दिन मैंने जाना कि मेरे पिता के लिए पैसे कितने ज़रूरी हैं। उनका गुस्सा, उनकी निराशा सब पैसों की उस कमी से उपजा था जो घर को अंदर ही अंदर खोखला कर रही थी।

उस रात उनका गुस्सा होना लाज़मी था, क्योंकि वो पैसे उनकी दिन-रात की कड़ी मेहनत का नतीजा थे। मैंने कई बार पापा को उनकी मेहनत और संघर्ष के बारे में बात करते सुना था, कि कैसे

उन्होंने एक-एक पैसे को जोड़कर हमारी जिंदगी बेहतर बनाने की कोशिश की। लेकिन मैंने वही पैसे किसी और को दे दिए। शायद मेरी नादानी ने उनकी भावनाओं को ठेस पहुंचाई, और वो अपनी जगह बिल्कुल सही थे। हालांकि, बाद में वो पैसे वापस आ गए, लेकिन तब तक पापा का गुस्सा इतना बढ़ चुका था कि उन्होंने मुझे घर छोड़ने के लिए कह दिया।

फिर क्या था, मैंने चुपचाप अपना बैग पैक करना शुरू कर दिया। उस 13 साल के बच्चे को ये भी नहीं पता था कि जाना कहां है। स्कूल से बाहर की दुनिया तो कभी देखी ही नहीं थी। बैग में कुछ तस्वीरें रखीं, कुछ कपड़े, अपनी किताबें, और काजल। बैग तैयार हो गया, लेकिन मन भारी था।

हमारे गाँव से दिल्ली के लिए रात 10 बजे बस जाती थी। मैं घर से निकलकर बस के इंतज़ार में सड़क किनारे बैठ गया। अंधेरे में बस की रोशनी दिखने का इंतज़ार कर रहा था, और साथ ही इस सोच में डूबा हुआ था कि अब आगे क्या होगा।

घर से निकलते वक्त किसी ने मुझे रोकने की कोशिश नहीं की। शायद किसी की हिम्मत नहीं थी पापा के खिलाफ कुछ कहने की। वो पल ऐसा था कि लगा जैसे मैं बिल्कुल अकेला हूं। दिमाग में बस एक ही सवाल था—अब कहाँ जाऊँगा?

बैग कंधे पर था, दिल में डर और आंखों में एक अधूरी उम्मीद। सड़क के किनारे बैठा, मैं बस अपने अगले कदम का इंतज़ार कर रहा था।

पर शायद भगवान ने मेरे लिए कुछ और ही सोच रखा था। उसी रात, अचानक मामा जी आ गए। वो कहीं बाहर गए हुए थे और अपने घर लौट रहे थे। जब उन्हें इस सबके बारे में पता चला, तो उन्होंने मुझे अपने साथ चलने को कहा। मैं बिना कुछ सोचे-समझे उनके साथ ननिहाल चला गया।

उस दिन से पापा ने मुझसे बात करना पूरी तरह बंद कर दिया था। उनके मौन ने मेरे जीवन में एक गहरी खामोशी और खालीपन भर दिया। गाँव के लोग भी मेरे दर्द को बढ़ाने में पीछे नहीं थे। हर किसी के पास मेरे लिए कोई न कोई ताना तैयार था। उनके शब्द मेरे कानों में तीर की तरह चुभते थे। "बेटे ने तो इज्जत मिट्टी में मिला दी।" "पढ़ाई-लिखाई का कोई फायदा नहीं हुआ।" उनके शब्द सिर्फ मेरे कानों तक नहीं, बल्कि मेरे दिल के भीतर तक उतरते चले जाते।

ननिहाल गाँव से केवल एक किलोमीटर दूर था, लेकिन वह छोटा-सा फासला मेरे लिए एक अंतहीन यात्रा जैसा लगने लगा। जब भी घर की याद सताती, मैं चुपचाप खेतों की तरफ चला जाता। वहीं खड़े होकर मैं दूर से अपने घर को देखता। वो छत, वो दीवारें, वो दरवाजा—सब मेरी आँखों में बस गए थे। कभी-कभी माँ को आँगन में पानी भरते या पिताजी को गेट के पास खड़े देखता। मैं सोचता कि दौड़कर उनके पास चला जाऊं और कहूं, "मैंने गलती की है,

लेकिन मुझे माफ कर दो।" पर हर बार मेरे पैर थम जाते। मेरे अंदर की हिम्मत मुझे धोखा दे देती। मैं नज़रें झुका लेता, दिल में भारीपन लिए, और वापस नानी के घर लौट आता।

नानी के घर मेरी दुनिया सीमित थी। पढ़ाई ही वह एकमात्र चीज़ थी जो मुझे राहत देती थी। मामा के घर की हर किताब मैंने पलटकर पढ़ डाली।जब किताबें खत्म हो जातीं, तो अखबार के पन्नों में छपे विज्ञापन मेरी दुनिया बन जाते। ₹8000 की नौकरी का विज्ञापन देखकर मैं सोचता, "अगर मैं ये नौकरी पा लूं, तो शायद सब ठीक हो जाएगा।"

कई बार हिम्मत जुटाकर मैंने विज्ञापनों में दिए नंबर डायल किए। दूसरी तरफ से कोई अनजान आवाज़ सुनाई देती। मैं कांपती आवाज़ में पूछता, "क्या 8वीं पास के लिए नौकरी है?" लेकिन हर बार कोई न कोई वजह मिलती, जिससे मेरा सपना फिर टूट जाता। फिर भी, यह सिलसिला जारी था। मेरा मन मुझे बार-बार कहता, "आज नहीं तो कल, कोई न कोई रास्ता जरूर मिलेगा।"

एक महीना यूं ही बीत गया। ननिहाल में रहकर भी मैं अकेला महसूस करता था। नानी और मामा का प्यार अपनी जगह था, लेकिन उस प्यार में वो अपनापन नहीं था जो घरवालों के गुस्से में भी महसूस होता है। पापा से दूर रहने का दर्द मुझे अंदर ही अंदर तोड़ रहा था।

गाँव से भी रिश्तेदारों ने धीरे-धीरे दूरी बना ली। अब कोई मुझसे बात नहीं करता। सबके लिए मैं एक ऐसा लड़का बन गया था जिसने परिवार की इज्जत को ठेस पहुंचाई। मेरे भीतर अनगिनत सवाल उठते—"क्या मैं सच में इतना बुरा हूँ?" "क्या मेरा कोई भविष्य नहीं?" मेरे दिल में डर का अंधेरा छा गया था, लेकिन कहीं न कहीं एक जिद भी थी—अपने आपको साबित करने की।

फिर,एक दिन जैसे भगवान ने मेरी प्रार्थना सुन ली। जून की छुट्टियों में मौसी जी मामा के घर आईं। वह स्कूल में टीचर थीं, और हमेशा से मेरी पढ़ाई को लेकर बहुत गंभीर थीं। जब उन्हें मेरी स्थिति के बारे में पता चला, तो उन्होंने मुझसे पूरी बात पूछी। मैंने अपनी कहानी उनके सामने रखी, बिना कुछ छुपाए। मेरी आँखों में आँसू थे और दिल में एक छोटी-सी उम्मीद।

मौसी जी ने मेरी हालत को समझा। उन्होंने मुझे अपने साथ ले जाने और मेरी पढ़ाई की जिम्मेदारी उठाने का फैसला किया। उस पल, मुझे ऐसा लगा जैसे अंधेरे में अचानक कोई दीया जल गया हो। उनकी बातों में जो विश्वास था, उसने मुझे एक नई ऊर्जा दी।

मैंने तुरंत अपना बैग फिर से पैक किया। इस बार बैग में किताबों के साथ-साथ उम्मीद और हौसला भी था। मौसी जी के साथ उनके घर जाते वक्त मैंने खुद से वादा किया कि अब मैं अपनी जिंदगी को एक नई दिशा दूंगा। यह मौका मेरे लिए आखिरी था, और मैं इसे किसी भी हाल में गँवाना नहीं चाहता था।

पापा ने अब भी मुझसे बात नहीं की, लेकिन मौसी जी को मेरी पढ़ाई के लिए पैसे भेजते रहे। उनके इस छोटे से कदम ने मुझे एहसास कराया कि उनकी नाराज़गी के पीछे सिर्फ चिंता और असहायता थी। वह मुझसे नाराज़ तो थे, लेकिन मुझे छोड़ना नहीं चाहते थे।

अब मैं पहले जैसा मासूम और नासमझ लड़का नहीं रहा। मौसी जी के घर पहुँचकर मैंने पढ़ाई में अपना सब कुछ झोंक दिया। मुझे पता था कि यह सिर्फ मेरी नहीं, बल्कि पापा की मेहनत और मौसी जी के विश्वास की परीक्षा है।

हर रोज़ मैं खुद से एक ही बात कहता, "तू यह कर सकता है। तेरे सपने सच हो सकते हैं।" मेरी पढ़ाई ने मुझे जीवन के संघर्षों का सामना करने की ताकत दी।

आज जब मैं उस समय को याद करता हूँ, तो समझ आता है कि वह दौर मेरे जीवन का सबसे बड़ा सबक था। उस एक महीने ने मुझे सिखाया कि जिंदगी में कठिनाईयाँ हमें तोड़ने नहीं, बल्कि बनाने आती हैं। मैंने अपने दर्द को अपनी ताकत बनाया और अपने सपनों को अपनी जिम्मेदारी।

यह कहानी उस लड़के की नहीं है, जो गिरा था, बल्कि उस लड़के की है, जिसने हर बार उठने का साहस दिखाया।

4. नया अध्याय

मै मौसी जी के साथ उनके शहर आ गया | उस नई जगह का एहसास मेरे लिए किसी अजनबी दुनिया में कदम रखने जैसा था। नए लोग, नई चीजें, और एक अनजान माहौल ने मेरे भीतर कुछ अलग ही भावनाएं जगा दी थीं। ऐसा लग रहा था जैसे मेरी जिंदगी का एक नया अध्याय शुरू हो गया हो, जहां हर पन्ना मेरे ही हाथों लिखा जाएगा। गाँव में जो हर तरफ ताने, गुस्से, और आलोचनाओं का सिलसिला था, उससे मैं अब दूर था। लेकिन उस दूरी के साथ एक अजीब-सी कशिश भी जुड़ी थी—अपने घरवालों की, जिनसे मैं मन ही मन नाराज था, लेकिन जिनके बिना हर खुशी अधूरी लगती थी।

मौसी जी का घर मेरे लिए किसी आश्रय से कम नहीं था। उनकी मदद और प्यार ने मुझे फिर से जीने की उम्मीद दी। कुछ ही दिनों में उन्होंने मेरा स्कूल में दाखिला करा दिया। उस दिन जब मैं स्कूल का बस्ता कंधे पर टांगकर पहली बार स्कूल पहुंचा, तो मुझे ऐसा महसूस हुआ जैसे किसी ने मेरे भीतर की टूटी हुई आत्मा को सहलाया हो।

स्कूल का माहौल मेरे लिए किसी जादू से कम नहीं था। हर घंटी, हर क्लास, और हर खेल मुझे नई ऊर्जा से भर देते। दोस्त बनाना हमेशा से मेरा सपना था, और यहाँ मुझे ऐसे दोस्त मिले जिन्होंने मुझे अपनापन और सुकून दिया। उनकी हंसी, उनके साथ बिताए गए पल, और वो मासूम मजाक मेरे दिल को खुशी से भर देते। मैं पहली बार उस माहौल में था, जहां कोई मेरे अतीत के बारे में कुछ नहीं जानता था।

टीचर्स भी मेरे सफर का बड़ा हिस्सा बन गए। उनकी बातें, उनके सिखाने का तरीका, और उनका मेरे प्रति विश्वास मुझे प्रेरित करता था। मैं जानता था कि मेरे पास अब दूसरा मौका नहीं होगा, और इसी सोच ने मुझे पढ़ाई में पूरी जान लगाने के लिए मजबूर कर दिया। मैंने मेहनत को अपना सहारा बना लिया। लेकिन ज़िंदगी हमेशा आसान नहीं होती।

स्कूल की समस्याएं मेरे लिए नई चुनौती बन गईं। कभी जूतों की वजह से डांट पड़ती, तो कभी मेरी ड्रेस सही नहीं होती। ये बातें छोटी हो सकती थीं, लेकिन उस समय मेरे लिए ये किसी बड़ी समस्या से कम नहीं थीं। पैसे मांगने का तो सवाल ही नहीं था। पापा से बात करना तो बहुत दूर की बात थी, और मौसी जी से कुछ मांगने में मुझे शर्म आती थी। वह पहले ही मेरे लिए इतना कर रही थीं।

इन समस्याओं के बीच मैं चुप रहता, लेकिन अंदर ही अंदर मैं टूटता जा रहा था। हर बार जब किसी ने मुझे डांटा या जब मैंने खुद

को दूसरों से कमजोर महसूस किया, तो मेरे भीतर एक आग सी जल उठती। यह आग हारने नहीं देती थी। मैं हर रात अपने आपसे वादा करता कि ये सब कुछ खत्म नहीं है। यह बस एक शुरुआत है।

मेरे अंदर जिद थी कि मुझे अपनी समस्याओं का हल खुद निकालना है। मौसी पर और बोझ डालने का तो सवाल ही नहीं था। उस वक्त तकनीक ने मुझे अपनी ओर खींचा। मोबाइल फोन का चलन नया-नया था, और मेरा मन उसमें कुछ ज्यादा ही रमता था। मैंने पुराने फोन खरीदने और उन्हें ठीक करने का काम शुरू किया। दोस्तो से खराब मोबाईल लेता और उन्हे सही करके दे देता

पहले-पहल यह काम बहुत मुश्किल था। पास न तो पर्याप्त ज्ञान था और न ही ज्यादा साधन। लेकिन मैंने हार नहीं मानी। गांव के छोटे-छोटे दुकानदारों से बातें करके, पुराने मोबाइल फोन खरीदने के लिए पैसे उधार लेकर, और धीरे-धीरे उन्हें ठीक करने का हुनर सीखकर मैंने अपनी छोटी सी शुरुआत की।

कई बार फोन ठीक नहीं होता था, और नुक़सान सहना पड़ता। लेकिन हर असफलता के साथ मैं कुछ नया सीखता। धीरे-धीरे, यह काम मेरी कमाई का जरिया बन गया। मैं उन पुराने फोन को अच्छे दामों में बेचने लगा, और इससे जो भी थोड़े-बहुत पैसे आते, वो मेरे स्कूल की जरूरतों को पूरा करने में मदद करते।

यहां तक का सफर आसान नहीं था। हर दिन एक नई लड़ाई थी। लेकिन इन संघर्षों ने मुझे सिखाया कि जिंदगी में मुश्किलें सिर्फ डराने नहीं आतीं, बल्कि हमें बेहतर बनाने के लिए होती हैं।

पुराने मोबाइल फोन ठीक करते वक्त मैं सोचता था कि मेरी जिंदगी भी इन फोन की तरह है—टूटी हुई, बिखरी हुई। लेकिन जब इन्हें ठीक करना मुमकिन है, तो खुद को ठीक करना भी तो मुमकिन है। मैंने यह ठान लिया कि मैं न सिर्फ अपनी जिंदगी को ठीक करूंगा, बल्कि उसे बेहतर भी बनाऊंगा।

मेरे लिए स्कूल, मौसी जी का घर, और मेरा यह छोटा-सा काम सिर्फ एक जगह या काम नहीं थे। ये मेरे जीवन के उस नए अध्याय के पन्ने थे, जिन्हें मैंने खुद अपने खून-पसीने से लिखा था। मैंने अपने संघर्षों से सीखा कि गिरना कोई अपराध नहीं है, लेकिन गिरकर न उठना ज़रूर है। अब मैं उस बच्चे से कहीं ज्यादा मजबूत था जो कभी सिर्फ सपने देखता था। अब मैं वह लड़का बन चुका था जो उन सपनों को जीने की हिम्मत रखता था।

थोड़ा-थोड़ा करके, एक-एक रुपए जोड़कर मैंने ₹3500 इकट्ठा किए। यह पैसा मेरे लिए सिर्फ कागज के नोट नहीं थे; यह मेरी मेहनत, उम्मीद और सपनों का प्रतीक था। मैंने उन पैसों से एक पुराना मोबाइल खरीदा, जिसमें ढेर सारे बटन थे। वह मोबाइल मेरे सपनों को साकार करने की पहली सीढ़ी था। मैंने उसे सुधारने की बहुत कोशिश की, लेकिन हर बार असफलता मेरे हाथ लगी।

फिर मैंने फैसला किया कि इसे किसी दुकानदार से ठीक कराऊंगा। अगले दिन मैं अपने इलाके की एक दुकान पर गया। दुकानदार ने बड़े आत्मविश्वास से कहा, "कल आकर ले जाना, सब ठीक हो जाएगा।" उसकी बातों में भरोसा था, और मैंने भी अपनी चिंता उस दुकान पर छोड़ दी।

अगले दिन, सुबह-सुबह मैं उत्साह से दुकान की ओर बढ़ा। रास्ते भर सोचता रहा कि आज उस मोबाइल को चलाते हुए कितना सुकून मिलेगा। लेकिन जब दुकान के पास पहुंचा, तो वहां का नजारा मेरी कल्पना से बिल्कुल अलग था। दुकान बंद थी, बाहर पुलिस खड़ी थी, और चारों ओर लोगों की भीड़ जमा थी।

मेरा दिल जोर-जोर से धड़कने लगा। घबराते हुए मैंने पास खड़े एक आदमी से पूछा, "यहां क्या हुआ है?" उसने कहा, "दुकानदार ने कल रात किसी बच्चे का कत्ल कर दिया। पुलिस ने उसे गिरफ्तार कर लिया है।"

उसकी बात सुनते ही मेरी दुनिया जैसे थम गई। मुझे यकीन नहीं हो रहा था कि मेरी सारी मेहनत, मेरी सारी उम्मीदें उस बंद दुकान के साथ खत्म हो गई थीं। मैंने दुकान की तरफ देखा, लेकिन अब वहां कुछ बचा नहीं था। मेरी आँखों में आंसू थे, और दिल में असहनीय दर्द। मैं भारी कदमों के साथ घर लौट आया।

उस दिन मैंने महसूस किया कि जिंदगी हमें कभी-कभी ऐसे मोड़ पर ला देती है, जहां सबकुछ हमारे खिलाफ लगता है। लेकिन मैंने यह

भी सीखा कि हर गिरावट हमें कुछ सिखाने के लिए होती है। मैंने खुद से वादा किया कि मैं हार नहीं मानूंगा। असफलताएं मेरी राह रोक नहीं सकतीं।

मैंने अपनी ऊर्जा और समय को पढ़ाई में लगा दिया। खाली वक्त में मैंने बच्चों को ट्यूशन पढ़ाना शुरू किया। महीने के ₹250 मिलते थे, जो मेरे छोटे-मोटे खर्चों के लिए काफी थे। यह मेरी पहली कमाई थी। भले ही रकम छोटी थी, लेकिन इसने मुझे आत्मनिर्भरता का पहला अनुभव दिया।

मौसी के घर रहकर मैंने अगले दो साल पूरी लगन और मेहनत से पढ़ाई की। मेरे मन में एक ही लक्ष्य था—पढ़ाई में इतना अच्छा करना कि मेरी मेहनत पर कोई सवाल न उठा सके। स्कूल के टीचर्स का मार्गदर्शन और मौसी जी का समर्थन मेरे लिए किसी वरदान से कम नहीं था।

मौसी की बेटी भी मेरे साथ पढ़ती थी। उसकी संगति और सहयोग ने मेरे आत्मविश्वास को और बढ़ा दिया। हम साथ मिलकर कठिन सवालों को हल करते, रातों को देर तक पढ़ाई करते, और एक-दूसरे को प्रेरित करते। इन दो सालों में मैंने खुद को पहले से कहीं ज्यादा मजबूत और आत्मनिर्भर बना लिया था।

आखिरकार, मेहनत रंग लाई। 10वीं बोर्ड की परीक्षा के नतीजे आए, और मैं स्कूल में टॉप कर गया। मेरे नंबर इतने शानदार थे कि

स्कूल में हर कोई मेरी तारीफ कर रहा था। यह मेरी जिंदगी का सबसे बड़ा दिन था।

जब यह खबर घर पहुंची, तो पापा को बहुत खुशी हुई। वो, जो अब तक मुझसे नाराज थे और बोलते भी नहीं थे, उन्होंने पहली बार मुझे खुद बुलाकर बधाई दी। उनका नाराजगी भरा चेहरा खुशी में बदल गया था। उनके शब्दों में वो गर्व झलक रहा था जो मैं हमेशा से देखना चाहता था।

उस दिन ने मेरी जिंदगी बदल दी। मैंने महसूस किया कि मेहनत और सच्ची लगन से हर मुश्किल को पार किया जा सकता है। जिन हालातों में कभी लगा था कि मैं कहीं का नहीं रहूंगा, आज उन्हीं हालातों ने मुझे वो बना दिया जो मैं बनने की ख्वाहिश रखता था।

अब मेरे सामने जिंदगी का रास्ता खुला था। वो मोबाइल जो मैं कभी नहीं चला पाया, आज भी मेरे सपनों की नींव बना हुआ था। मैंने सीखा कि असफलताएं हमें तोड़ने नहीं, बल्कि हमारे भीतर एक नई शक्ति पैदा करने के लिए आती हैं। जिंदगी ने मुझे बार-बार गिराया, लेकिन हर बार मैंने उठकर खुद को बेहतर बनाया।

यही मेरी कहानी थी—संघर्ष, असफलता, और अंततः सफलता की। अब मेरे सपने सिर्फ मेरे नहीं थे, बल्कि उन सभी लोगों की प्रेरणा थे, जो किसी न किसी कारण से अपनी राह में हिम्मत खो बैठते हैं।

5. पहली मुलाकात

जब मैंने 10वीं पास की, तो मुझे पता था कि यह मौसी के घर के लिए मेरी आखिरी यात्रा थी। स्कूल की पढ़ाई खत्म हो चुकी थी, और अब मुझे अपने सपनों को नया रास्ता देना था। उस दिन बस में बैठा मैं, अपने ख्यालों में खोया हुआ था। हर बीता हुआ पल, हर संघर्ष, और हर जीत मेरे सामने चलचित्र की तरह घूम रही थी। जिंदगी ने मुझे जो सिखाया था, वो हर सबक मेरे दिल के करीब था।

बस में अचानक मेरी नजर एक बुजुर्ग महिला पर पड़ी, जो खड़ी थीं। मैंने अपनी सीट उन्हें दे दी और खुद खड़ा हो गया। उनके चेहरे की मुस्कान ने मेरे दिल को सुकून दिया। यह मेरी परवरिश और संघर्ष का ही नतीजा था, जिसने मुझे दूसरों की मदद करने का सबक सिखाया था।

थोड़ी देर बाद मेरी नजर बस के पिछले हिस्से पर पड़ी। वहाँ एक लड़की बैठी थी—साधारण कपड़े, साइड में बैग लटकाए हुए, और चेहरे पर एक हल्की मुस्कान। वो दो बुजुर्गों के बीच बैठी थी और कुछ सोचते हुए मंद-मंद मुस्कुरा रही थी। उसकी मुस्कान में कुछ

ऐसा था, जो मेरी बेचैन आत्मा को शांत कर गया। ऐसा लगा जैसे उस एक पल में उसने मेरी सारी तकलीफों को अपने भीतर समेट लिया हो।

मुझे ऐसा प्रतीत हुआ कि वो मुझे देखकर मुस्कुरा रही है। हालांकि, जल्द ही एहसास हुआ कि यह मेरी गलतफहमी थी। फिर भी, उसकी मुस्कान ने मेरे भीतर एक अजीब सी हलचल मचा दी। मेरा मन उससे बात करने का कर रहा था, लेकिन हिम्मत नहीं हो रही थी।

बस रुकने वाली थी। मैंने अपनी जेब से एक कागज और पेन निकाला। हाथ कांप रहे थे, पर मैंने अपना नंबर लिखा। फिर खुद को समझाते हुए सोचा, "जो होगा देखा जाएगा।" जब बस रुकी, तो मैं उसकी तरफ बढ़ा। उसके पिताजी पास ही खड़े थे। मेरे कदम रुक-रुक कर चल रहे थे, लेकिन दिल ने कहा, "आज मत रुको।"

मैंने हिम्मत जुटाकर कागज उसके पास गिराया और कहा, "अगर मन करे तो इसे उठा लेना, वरना छोड़ देना।" वो पल जैसे समय के ठहरने जैसा था। मैं बस से उतर गया, और उसे भगवान के भरोसे छोड़ दिया।

कई दिनों तक कोई फोन नहीं आया। हर दिन उम्मीद करता कि शायद आज फोन बजेगा। लेकिन दिन गुजरते गए, और उम्मीदें धुंधली होने लगीं। मैंने खुद को समझाया कि शायद वो कागज उसने उठाया ही न हो।

फिर, एक दिन अचानक फोन की घंटी बजी। मैंने कॉल रिसीव किया। उधर से एक हल्की, मधुर आवाज आई, "हैलो, मैं आरोही बोल रही हूं।" उस पल, मेरा दिल जोरों से धड़कने लगा। उसकी आवाज में एक मासूमियत और सादगी थी, जो सीधे मेरे दिल तक पहुंच गई| वो पहली बार था जब मैने किसी लडकी से इस तरह बात की |

लेकिन जैसे-जैसे बात आगे बढ़ी, मुझे एहसास हुआ कि उसका इरादा मुझे बस चिढ़ाने का था। वो मुझसे सवाल करती, मजाक उड़ाती, और मेरी नादानियों पर हंसती। शुरुआत में यह सब मुझे खलता था, लेकिन मैंने उसे समझाने की कोशिश की कि मैं ऐसा इंसान नहीं हूं, जैसा वो सोच रही है।

धीरे-धीरे, उसकी धारणाएं बदलने लगीं। उसने मेरे स्वभाव को समझा और हमारी बातचीत बदलने लगी। अब, हमारे बीच एक सच्ची दोस्ती की शुरुआत हो गई थी।

हर दिन वो अपने किस्से सुनाती, और मैं अपने। उसकी बातें सुनते हुए मुझे महसूस हुआ कि उसकी जिंदगी भी उतनी ही जटिल थी, जितनी मेरी। लेकिन उसकी हंसी में एक खास बात थी—जैसे उसने अपने हर दर्द को मुस्कान में छुपा रखा हो।

हमारी बातचीत में एक खास तरह की मासूमियत थी। उसमें सच्चाई थी, जो शायद आज की दुनिया में कम देखने को मिलती है। उसकी बातें सुनना मेरे लिए किसी थेरेपी जैसा था। उसकी हंसी मेरे दिल के

हर कोने में गूंजती थी। वो मेरी जिंदगी का ऐसा हिस्सा बन गई, जिसे मैं कभी खोना नहीं चाहता था।

उसके साथ बिताए हुए पल और उसकी बातें मुझे नए तरीके से सोचने पर मजबूर करती थीं। उसने मुझे समझाया कि जीवन में हर मुश्किल का सामना मुस्कान के साथ करना चाहिए। मैंने उसकी बातों से प्रेरणा लेकर खुद को और बेहतर बनाने की ठानी।

आरोही की दोस्ती ने मेरी जिंदगी को एक नया मकसद दिया। उसने मुझे सिखाया कि रिश्ते कैसे बनते हैं और उन्हें कैसे निभाया जाता है। उसकी मौजूदगी ने मुझे एहसास दिलाया कि जिंदगी में सबसे बड़ी दौलत किसी का साथ है, जो आपको समझ सके और बिना शर्त आपकी परवाह करे।

एक मुस्कान जिसने सबकुछ बदल दिया

उस दिन बस में उसकी मुस्कान ने जो हलचल मेरे दिल में पैदा की थी, वो अब मेरे जीवन का मार्गदर्शक बन चुकी थी। उसकी सादगी और मासूमियत ने मुझे हर दिन प्रेरित किया। मैंने खुद से वादा किया कि मैं उस मुस्कान के पीछे की हर खुशी का हिस्सा बनूंगा।

उसकी कहानी और मेरी कहानी अब एक हो चुकी थी। यह सिर्फ दोस्ती नहीं थी; यह दो टूटे हुए इंसानों का सहारा बनना था। उसने मेरे भीतर के हर डर को खत्म कर दिया और मुझे सिखाया कि जिंदगी को हर पल जीना चाहिए।

इस तरह, एक बस की यात्रा ने मेरी जिंदगी बदल दी। वो यात्रा सिर्फ एक सफर नहीं थी, बल्कि मेरे जीवन की दिशा बदलने का जरिया थी। और आरोही की मुस्कान मेरे सपनों की सबसे बड़ी प्रेरणा बन गई।

6. नया शहर

मैंने अपने सपनों को पूरा करने के लिए कानपुर में एक कमरा किराए पर लिया। यह कमरा मेरे जीवन का पहला ऐसा स्थान था जिसे मैं खुद चला रहा था। यहाँ कोई माँ की ममता नहीं थी, कोई पापा की डांट नहीं थी, और न ही किसी भाई का सहारा। हर सुबह जब मैं उठता, तो खुद के लिए खाना बनाना, बर्तन साफ करना, और अपने कामों को पूरा करना, यह सब मेरी जिम्मेदारी बन चुका था | फिर मैने 11वीं के लिए स्कूल मे दाखिला ले लिया |

मेरा स्कूल उस किराए के कमरे से 8 किलोमीटर दूर था। आने-जाने के लिए मेरे पास अपने भाई की पुरानी, छोटी साइकिल थी। यही साइकिल अब मेरा साथी बन गई थी। हर सुबह जब मैं साइकिल पर सवार होता, तो मेरी जेब में सिर्फ दो चीजें होतीं—एक अधूरी उम्मीद और पायलट बनने का सपना।

लेकिन यह सफर आसान नहीं था। सर्दियों में ठंडी हवा मेरे चेहरे को चीरती, गर्मियों में पसीने से लथपथ कपड़े मुझे और थका देते, और बारिश के दिनों में तो जैसे साइकिल चलाना एक युद्ध लड़ने जैसा

हो जाता। हर शाम जब मैं कमरे पर लौटता, तो मेरा शरीर जैसे टूट चुका होता। लेकिन मेरे सपनों की आग इतनी प्रबल थी कि वह थकान को भस्म कर देती।

मैंने धीरे-धीरे पायलट बनने के अपने लक्ष्य पर ध्यान केंद्रित करना शुरू कर दिया। इंटरनेट और किताबों से जानकारी इकट्ठा करने लगा। लेकिन जल्द ही मुझे पता चला कि इस क्षेत्र में प्रवेश करने के लिए केवल जुनून और मेहनत ही नहीं, बल्कि एक बड़ी रकम की भी जरूरत है। मेरे सपनों और मेरी आर्थिक स्थिति के बीच की खाई इतनी बड़ी थी कि उसे पार करना असंभव-सा लगने लगा।

पापा से मदद मांगने का तो सवाल ही नहीं था। मैं जानता था कि उनका गुस्सा और उनकी निराशा पैसे की तंगी से उपजी थी। ऐसे में उनसे मदद मांगना मानो आग में घी डालने जैसा होता।

मैंने पैसे जुटाने के लिए छोटे-मोटे काम शुरू कर दिए। स्कूल के बाद खाली समय में एक कंपनी के उत्पादों का प्रचार करने लगा। लेकिन कड़ी मेहनत के बावजूद कुछ खास सफलता नहीं मिली। हर बार जब मैं उम्मीदों के साथ काम शुरू करता, तो नतीजों में निराशा हाथ लगती।

फिर मैंने हर वो काम करना शुरू किया जो समझ में आया। कभी पोस्टर लगाता, तो कभी घर-घर जाकर तेल, साबुन और मंजन बेचता। इन छोटे-छोटे कामों से मिलने वाले पैसों ने मुझे आत्मनिर्भर बनने का पहला सबक सिखाया।

एक दिन मुझे एक नया काम शुरू करने के लिए ₹5000 की जरूरत पड़ी। यह रकम मेरे लिए बहुत बड़ी थी। समझ नहीं आया कि किससे मदद मांगूं। बड़ी हिम्मत जुटाकर मैंने अपने भाई को फोन किया। लेकिन उन्होंने साफ शब्दों में मना कर दिया। उन्होंने कहा, "पढ़ाई पर ध्यान दो, पैसों के लिए परेशान मत हो।" उनकी बातों ने मुझे गहरा झटका दिया।

फिर भारी मन और झिझक के साथ मैंने आरोही से मदद मांगी। हमारी दोस्ती को ज्यादा समय नहीं हुआ था, लेकिन उसने मुझ पर भरोसा जताया। उसके पापा की चाय की एक छोटी-सी दुकान थी, फिर भी उसने अपने दोस्तों से पैसे उधार लेकर मेरे लिए ₹5000 का इंतजाम किया।

आरोही की मदद ने मुझे एक गहरी सीख दी। उसने दिखाया कि मदद करने के लिए दौलत की नहीं, बल्कि दिल की जरूरत होती है। उसने यह भी समझाया कि जीवन में सबसे बड़ी पूंजी पैसा नहीं, बल्कि भरोसा और इंसानियत होती है।

उसके भरोसे से मुझे नया जोश मिला। मैंने अपने काम में और मेहनत की, लेकिन एक साल बीतने के बाद भी मुझे उस काम से कोई बड़ी सफलता नहीं मिली। साइकिल से रोजाना 8 किलोमीटर आना-जाना, स्कूल की पढ़ाई, और नए काम की जद्दोजहद ने मुझे मानसिक और शारीरिक रूप से कमजोर कर दिया।

आखिरकार, मैंने शहर और स्कूल दोनों बदलने का फैसला किया। यह निर्णय आसान नहीं था, क्योंकि यह मेरे लिए एक नई शुरुआत का प्रतीक था। मैं जानता था कि एक नई जगह पर जाने से मुझे नए संघर्षों का सामना करना पड़ेगा। लेकिन मैं यह भी जानता था कि हर नई चुनौती मेरे सपनों को पूरा करने के रास्ते का हिस्सा है।

इस सफर ने मुझे सिखाया कि जीवन की कठिनाइयाँ हमें मजबूत बनाने के लिए आती हैं। उन 8 किलोमीटर के रास्ते ने मुझे धैर्य, संघर्ष और आत्मनिर्भरता का सही अर्थ सिखाया। मैंने समझा कि सपने केवल देखने के लिए नहीं होते, बल्कि उन्हें पूरा करने के लिए हर संभव प्रयास करना पड़ता है।

यह कहानी सिर्फ मेरे संघर्षों की नहीं, बल्कि उस विश्वास, दोस्ती और आत्मबल की है, जिसने मुझे कभी हार मानने नहीं दी। मेरे सपने अभी भी अधूरे थे, लेकिन मेरे हौसले ने मुझे आगे बढ़ने का साहस दिया।

7. एक और शहर

फिर मैंने कानपुर से आगरा जाने का फैसला किया, तो मेरे दिल में एक अजीब सा उत्साह और डर दोनों थे। यह सिर्फ एक शहर से दूसरे शहर की यात्रा नहीं थी, बल्कि मेरे जीवन की दिशा बदलने का एक प्रयास था। मैंने अपने सामान को गट्ठर में बांधा, साइकिल को ट्रेन में चढ़ाया, और उसे कसकर बांध दिया। ट्रेन के हर झटके के साथ, मेरे अंदर एक नया सपना आकार ले रहा था। मैं सोच रहा था, "क्या आगरा में मेरा भविष्य बदलेगा? क्या यह सफर मेरे सपनों की ओर पहला कदम होगा?"

आगरा में कदम रखते ही, मैंने खुद को एक नई दुनिया में पाया। यह शहर कानपुर से बिल्कुल अलग था। भीड़-भाड़ वाली गलियां, नए चेहरे, और हर तरफ अनजान आवाजें। यहां मेरा एक पुराना दोस्त था, जो मेरे साथ 10वीं में पढ़ा था। उसकी मदद से मुझे थोड़ा सहारा मिला। उसने मुझे कुछ दिनों के लिए अपने साथ रहने दिया। उन दिनों उसका घर मेरे लिए किसी शरणस्थली जैसा था।

जल्द ही मैंने अपना खुद का कमरा खोजने की कोशिश शुरू की। यह काम इतना आसान नहीं था। हर जगह किराए इतने ज्यादा थे कि मेरी जेब जवाब दे देती। लेकिन हार मानना मेरे बस में नहीं था। कई दिनों तक भटकने और न जाने कितने मकान मालिकों से मिन्नतें करने के बाद, आखिरकार मुझे एक छोटा-सा कमरा मिल गया। वह कमरा मेरी उम्मीदों से छोटा था, लेकिन मेरे सपनों के लिए काफी बड़ा।

कमरे की व्यवस्था के बाद मैंने तुरंत 12वीं की पढ़ाई के लिए स्कूल में दाखिला लिया। यहां पढ़ाई करना मेरे लिए सिर्फ एक शौक नहीं था, बल्कि अपनी जिंदगी बदलने का जरिया था। लेकिन पढ़ाई के साथ-साथ पैसों की कमी मेरे सबसे बड़े दुश्मन बन चुकी थी।

खाने का इंतजाम करना मेरे लिए सबसे बड़ी चुनौती थी। मैंने सड़क किनारे रिक्शे वालों के लिए बनाए गए ढाबे पर ₹20 में खाना शुरू किया। हर रोज वहीं बैठकर थाली में रोटी, दाल, और कभी-कभी सब्जी खाता। यह खाना मेरे शरीर को ऊर्जा तो नहीं देता था, लेकिन मेरे दिमाग को एक चीज सिखा रहा था—संतोष।

हर बार जब मैं वहां बैठकर खाता, तो सोचता, "इससे बेहतर जिंदगी कैसे पा सकता हूं? ऐसा क्या कर सकता हूं जिससे यह संघर्ष खत्म हो?" मेरे आसपास के लोग मुझे अजनबी की तरह देखते.

पढ़ाई के साथ-साथ मैंने हर उस मौके को पकड़ने की कोशिश की, जिससे कुछ पैसे कमाए जा सकें।

मेरे दोस्त ने भी कई बार मेरी मदद की। वह मुझसे कहता, "तेरे अंदर कुछ खास है। तू ये सब सहन कर रहा है, इसका मतलब तेरे पास बड़ा दिल और बड़ा सपना दोनों हैं।" उसकी बातें मुझे हिम्मत देतीं। उसकी मदद ने मुझे यह सिखाया कि दोस्ती का असली मतलब एक-दूसरे के सपनों को सहारा देना होता है।

आगरा का हर दिन मेरे लिए एक परीक्षा था। खाली जेब, खाली पेट और अनगिनत समस्याओं के बावजूद, मेरे मन में एक चीज साफ थी—मैं यहां हार मानने नहीं, जीतने आया हूं। जब कभी मेरे अंदर निराशा घर करने लगती, तो मैं खुद से कहता, "यह दौर भी गुजर जाएगा।"

आगरा ने मुझे न केवल एक नया शहर दिखाया, बल्कि खुद को जानने का मौका भी दिया। मैंने सीखा कि असली संघर्ष बाहर नहीं, बल्कि भीतर होता है। वह ₹20 का खाना, वह साइकिल की सवारी, और वह छोटे-से कमरे की तंग दीवारें मुझे हर दिन यह याद दिलाती थीं कि यह सब अस्थायी है।

आखिरकार, मैंने खुद को इस शहर के मुताबिक ढाल लिया। अब हर सुबह मेरी साइकिल के पैडल मेरे सपनों की ओर घूमते थे। हर रात जब मैं थका-हारा अपने छोटे से कमरे में लौटता, तो अपने सपनों की रोशनी में सुकून पाता।

आगरा सिर्फ एक शहर नहीं था; यह मेरे संघर्षों, मेरी इच्छाशक्ति, और मेरी नई शुरुआत की जमीन बन चुका था। यहां मैंने सीखा कि सपने देखने से ज्यादा जरूरी है, उन सपनों के लिए संघर्ष करना। चाहे हालात कितने भी कठिन क्यों न हों, अगर इंसान खुद पर भरोसा करता है, तो हर बाधा को पार कर सकता है

एक दिन मेरे मन में ख्याल आया कि क्यों न वेटर की नौकरी कर लूं। यह विचार मेरे लिए नया था, लेकिन पेट की भूख और सपनों की आग ने मुझे किसी भी काम के लिए तैयार कर दिया था। बिना समय गंवाए, मैं होटलों और रेस्टोरेंट्स के चक्कर लगाने लगा। हर जगह जाकर अपनी बात रखता, लेकिन कोई मुझे काम देने को तैयार नहीं था। कई जगह तो मेरी उम्र देखकर हंस दिए, तो कहीं मेरा आत्मविश्वास ही तोड़ दिया।

हर बार एक ही सवाल दिमाग में आता, "क्या मेरी काबिलियत इतनी कम है कि कोई मुझे एक मौका भी नहीं दे सकता?" फिर भी मैंने हार नहीं मानी। आखिरकार, मेरी मेहनत रंग लाई, और एक मैरिज हॉल में मुझे वेटर की नौकरी मिल गई। यह नौकरी नियमित नहीं थी, केवल शादी या बड़े आयोजनों में बुलावा आता था। लेकिन उस समय मेरे लिए यह भी किसी बड़े आशीर्वाद से कम नहीं था।

पहली बार जब मैंने अपनी वर्दी पहनी और मैरिज हॉल में खाना परोसना शुरू किया, तो मेरे भीतर एक अजीब सी संतुष्टि थी। हर प्लेट के साथ मुझे ऐसा लगता था कि मैं अपने सपनों की एक और

सीढ़ी चढ़ रहा हूं। लेकिन जैसे-जैसे समय बीतता गया, मैंने देखा कि यह काम कितना कठिन था। लोग आपको सिर्फ एक वेटर की नजर से देखते हैं। उनकी नजरों में कोई इज्जत नहीं होती।

कई बार ऐसा होता कि लोग गुस्से में चिल्लाते, या झूठे इल्जाम लगाते। पर मैंने इसे अपना सबक बनाया। मैंने सीखा कि काम छोटा या बड़ा नहीं होता, बस इंसान का नज़रिया बड़ा होना चाहिए।

जब मैरिज हॉल में काम नहीं मिलता, तो मुझे भूख का सामना करना पड़ता। पैसों की तंगी इतनी थी कि कई बार दिनभर सिर्फ पानी पीकर रहना पड़ता। लेकिन जब भूख बर्दाश्त से बाहर हो जाती, तो मैं किसी अजनबी की शादी में बिना बुलाए घुसकर खाना खा लेता।

पहली बार जब ऐसा किया, तो बहुत डर लगा। दिल में एक अपराधबोध था, लेकिन भूख इंसान को हर डर से आगे बढ़ा देती है। वहां का खाना खाकर पेट तो भर जाता, लेकिन दिल में एक खालीपन रह जाता। हर बार सोचता, "क्या ये वही जिंदगी है जो मैंने अपने लिए चुनी थी? क्या अपने सपनों के लिए ये सब झेलना जरूरी है?"

मेरी मुश्किलें यहीं खत्म नहीं हुईं। मेरी पहले से ही टूटी हुई साइकिल, जो मेरे लिए स्कूल तक पहुंचने का एकमात्र साधन थी, एक दिन चोरी हो गई। उस दिन मैं स्कूल जाने के लिए निकला और देखा कि साइकिल नहीं है। पहले तो यकीन नहीं हुआ, लेकिन सच यही था।

अब जो सफर साइकिल से होता था, वह मुझे पैदल तय करना पड़ा। सुबह जल्दी निकलता, ताकि स्कूल समय पर पहुंच सकूं। लौटते वक्त पैरों में दर्द और थकावट इतनी होती कि कमरे पर पहुंचते ही बिस्तर पर गिर जाता। लेकिन मैंने कभी खुद को हारने नहीं दिया।

पढ़ाई का समय आते ही मेरी मुश्किलें और बढ़ जातीं। जिस कमरे में मैं रहता था, वहां अक्सर बिजली गायब रहती। गर्मी और अंधेरे के बीच पढ़ाई करना मुश्किल हो जाता। ऐसे में मैंने रेलवे स्टेशन को अपनी नई पाठशाला बना लिया।

रात को स्टेशन पर जाकर बैठ जाता, जहां रोशनी और शोर के बीच मैं अपनी किताबों में खो जाता। वहां का माहौल किसी किताब की लाइब्रेरी जैसा नहीं था, लेकिन मैंने उसे अपनी लाइब्रेरी बना लिया। स्टेशन पर बैठे-बैठे मैंने कई रातें जागकर बिताईं। हर बार जब मैं थककर रुकने की सोचता, तो अपने सपने याद करता और खुद को आगे बढ़ने के लिए प्रेरित करता।

इन सब संघर्षों के बीच, एक चीज हमेशा मेरे दिल को चुभती रही—घर से दूर रहना। जब से मैंने घर छोड़ा था, मेरे अंदर एक गहरी ग्लानि थी। ऐसा लगता था कि मैंने अपने परिवार को निराश किया है। हर बार सोचता कि क्या वे मेरे बिना खुश होंगे? क्या मेरे संघर्ष की कोई कीमत है? लेकिन हर बार यह विचार आता कि मैं जो कर रहा हूं, वह सिर्फ अपने लिए नहीं, बल्कि अपने परिवार के लिए भी है।

जब मेरे बोर्ड की परीक्षाएं करीब आईं, तो मैंने अपनी सारी ऊर्जा पढ़ाई में लगा दी। हर दर्द, हर मुश्किल को पीछे छोड़कर मैंने खुद को साबित करने की ठानी। पैदल चलकर स्कूल जाना, स्टेशन पर पढ़ाई करना, और खाली पेट रातें काटना—यह सब मेरी मेहनत का हिस्सा बन गया।

और जब भी उदास होता तो आरोही को फोन कर देता, मेरे पास इतने पैसे नही होते थे तो हर बार फोन वही करती थी | और मुझे समझाती कि जीवन के इस वक्त से कैसे लडना है | उसकी बातें मुझे और मेहनत करने के लिए प्रेरित करती |

आखिरकार, मैंने अपनी बोर्ड की परीक्षा दी। हर पन्ने पर मैंने अपनी मेहनत और संघर्ष की कहानी लिखी। जब परीक्षा खत्म हुई, तो मैं अपने छोटे से कमरे में बैठकर खुद को धन्यवाद दिया।

परीक्षा खत्म होने के बाद मैं घर वापस लौटा। यह सफर सिर्फ पढ़ाई या नौकरी का नहीं था, बल्कि खुद को जानने और अपनी हिम्मत को परखने का था। मैंने सीखा कि सपनों को पूरा करने की कीमत चुकानी पड़ती है, लेकिन वह कीमत इंसान को उसकी असली ताकत से भी परिचित कराती है।

यह कहानी सिर्फ संघर्ष की नहीं, बल्कि यह बताने की है कि अगर इंसान अपने सपनों पर यकीन रखे और अपनी हिम्मत से हर मुश्किल का सामना करे, तो वह कुछ भी हासिल कर सकता है।

8. पहला प्रयास

घर लौटने के बाद, मेरे भीतर एक अजीब सी बेचैनी थी। बोर्ड की परीक्षाएं खत्म हो चुकी थीं, लेकिन दिल में एक खालीपन था। हर रोज़ खुद से बस एक ही सवाल करता—अब आगे क्या? मुझे पता था कि सिर्फ घर पर बैठने से कुछ हासिल नहीं होगा। सपनों को पूरा करने के लिए मेहनत करनी होगी, और मेरे पास वक्त बहुत कम था। मार्च में बोर्ड के पेपर खत्म हुए थे, और जुलाई में कॉलेज जॉइन करना था। इन तीन महीनों को मैंने अपनी जिंदगी को बदलने का एक मौका माना।

मैंने अपनी उदासी और डर को पीछे छोड़ते हुए आरोही के शहर जाने का फैसला किया। वहां पहुंचकर मैंने एक छोटे से ऑफिस की शुरुआत की। यह मेरी जिंदगी का पहला बड़ा कदम था। उस ऑफिस का नाम तो भले ही छोटा हो, लेकिन मेरे सपनों को वहां पंख मिलने वाले थे। दिन में मैं काम करता और रात में उसी ऑफिस में सो जाता।

जून की गर्मी का मौसम था, और ऑफिस बिल्डिंग की ऊपरी मंजिल पर था। दिनभर की तपिश से पूरा कमरा रात में भट्टी जैसा महसूस होता। बिना पंखे के सोने की कोशिश करते हुए, मेरे शरीर पर गर्मी के कारण लाल-लाल दाग पड़ जाते। हर रात बिस्तर पर लेटकर आंखें बंद करता, लेकिन नींद कहां आती थी? सपनों का बोझ और परिस्थितियों का दबाव, दोनों मुझे चैन से सोने नहीं देते थे।

खाने का इंतजाम करना मेरे लिए अब भी एक बड़ी चुनौती थी। दिनभर की मेहनत के बाद पेट भरने के लिए पैसे कम पड़ जाते। ऐसे में कभी-कभी आरोही मेरे लिए खाना लेकर आ जाती। उसकी मुस्कान और सादगी मुझे राहत देती थी। उसका सहारा मेरे संघर्षों के अंधेरे में एक रोशनी जैसा था।

आरोही की दोस्त सोनम ने भी ऑफिस में मेरी मदद करना शुरू कर दिया। वह दिनभर ऑफिस का काम संभालती, और मैं रात में नए प्रोजेक्ट्स के बारे में सोचता। लेकिन जब पैसे खत्म हो जाते, तो भूख मुझे मजबूर कर देती। जहां कहीं भी बैंड-बाजे की आवाज सुनाई देती, मैं अनजान शादियों में चला जाता। किसी के सामने हाथ फैलाने की हिम्मत नहीं थी, लेकिन शादी का खाना मेरे लिए किसी वरदान से कम नहीं था। हर बार सोचता, "क्या यह सब मेरे सपनों का हिस्सा है?" लेकिन फिर खुद को समझाता कि यह संघर्ष सिर्फ एक पड़ाव है।

तीन महीने तक मैंने उस छोटे से ऑफिस को जैसे-तैसे चलाया। हालांकि, आर्थिक रूप से इसका कोई खास नतीजा नहीं निकला। लेकिन उस दौरान आरोही और सोनम ने मेरा पूरा साथ दिया। उनकी मदद और भरोसा मेरे लिए सबसे बड़ा सहारा बन गया।

सोनम, जो खुद भी संघर्ष कर रही थी, ने हर बार मुझे यह एहसास दिलाया कि मेहनत का फल जरूर मिलता है। आरोही ने हर मुश्किल में मुझे यह भरोसा दिलाया कि मैं अकेला नहीं हूं। कभी-कभी हम देर रात तक बातें करते, और मैं अपनी चिंताओं को उसके सामने खोलकर रख देता। उसकी बातें मेरे दिल को सुकून देतीं। वह मुझे समझाती, "सपने देखना आसान नहीं होता। जो लोग सपना देखते हैं, उन्हें उसका दर्द भी सहना पड़ता है।"

तीन महीने बाद, मैंने यह महसूस किया कि मेरा ऑफिस अब आगे नहीं चल पाएगा। मैंने उसे किसी और के हवाले करने का फैसला किया। यह कदम मेरे लिए आसान नहीं था। मैंने वहां अपने सपनों के कई टुकड़े रखे थे, लेकिन मुझे समझ आ गया था कि हर असफलता एक नई शुरुआत की ओर ले जाती है।

आखिरकार, मैंने कॉलेज जॉइन करने का फैसला किया। यह मेरे लिए एक नई उम्मीद की शुरुआत थी। ऑफिस में बिताए तीन महीने भले ही आर्थिक रूप से सफल नहीं रहे हों, लेकिन उन्होंने मुझे जिंदगी के कई बड़े सबक सिखाए। मैंने सीखा कि असफलता एक अनुभव है, जो हमें बेहतर बनने का मौका देती है।

उस समय के संघर्ष ने मुझे इंसानियत, रिश्तों और भरोसे की अहमियत समझाई। मैंने जाना कि मुश्किल हालात में कुछ सच्चे लोग ही आपकी ताकत बनते हैं। आरोही और सोनम का साथ मेरे लिए सिर्फ मदद नहीं था, बल्कि उन्होंने मुझे यह एहसास दिलाया कि जब तक आपके साथ सच्चे लोग हैं, तब तक कोई भी राह इतनी कठिन नहीं कि आप उस पर चल न सकें।

इस सफर ने मुझे यह सिखाया कि सपनों को हासिल करने की राह में संघर्ष जरूरी है। हर मुश्किल, हर हार आपको मजबूत बनाती है। और जब आपके दिल में जुनून हो, तो कोई भी बाधा आपको रोक नहीं सकती।

9. असली संघर्ष

कॉलेज जॉइन करना मेरे जीवन का एक बड़ा कदम था, लेकिन यह मेरी मंजिल का अंत नहीं था। दिल और दिमाग में अब भी वही सपना हावी था—आसमान की ऊंचाइयों को छूना और पायलट बनना। यह सपना बचपन से मेरी आंखों में बसा था, लेकिन पैसों की कमी की हकीकत मुझे बार-बार इस सपने से दूर कर देती थी। मेरे पास बस एक ही चीज थी—संघर्ष करने का हौसला और अपनी मंजिल तक पहुंचने का अटूट जुनून।

कॉलेज में दाखिला लेने के बाद मुझे यह एहसास हुआ कि यह दुनिया भी किसी लड़ाई के मैदान से कम नहीं है। अन्य छात्र कैंटीन में अपनी पसंद के महंगे भोजन का आनंद लेते थे, और मैं बस उन्हें देखता रहता। वह हंसी-मज़ाक, वह खिलखिलाहटें, मेरे दिल पर भारी पड़तीं। मेरी जेब इतनी हल्की थी कि ₹5 का बिस्किट खरीदने से पहले भी सौ बार सोचना पड़ता।

कॉलेज के माहौल में दोस्त भी उन्हीं के बनते थे, जो पैसा खर्च करने में पीछे नहीं हटते थे। लेकिन मैं इस दिखावे से दूर था। मेरे

पास तो केवल एक किताब थी—मेरे सपनों की किताब। हर खाली वक्त में मैं यही सोचता कि अपने सपनों को कैसे हकीकत में बदलूं और बाकी खाली वक्त मे कविताए लिखता |

एक दिन, कैंटीन में बैठे हुए मैंने कुछ छात्रों को ऑनलाइन शॉपिंग के बारे में बातें करते सुना। उनके बीच चल रही बातचीत ने मेरे मन में एक नई उम्मीद जगा दी। मैंने सोचा, "अगर ये लोग ऑनलाइन चीजें मंगवा सकते हैं, तो मैं इसे बेच क्यों नहीं सकता?"

उस दिन के बाद से, मैं कॉलेज से लौटते ही ऑनलाइन सेलिंग के बारे में जानकारी इकट्ठा करने में लग गया। जहां बाकी छात्र अपने समय को मौज-मस्ती में बिताते, मैं अपने सपने के लिए हर जरूरी कदम उठाने की योजना बनाता। मुझे यह समझ आया कि ऑनलाइन शॉपिंग का बाजार तेजी से बढ़ रहा है, और यह मेरे सपने को साकार करने का जरिया बन सकता है।

लेकिन इस नए काम को शुरू करने के लिए मुझे टिन नंबर (आज के जी-एस-टी नंबर जैसा) की जरूरत थी। जब मैंने इसके लिए आवेदन करने की प्रक्रिया देखी, तो मुझे पता चला कि टिन नंबर के लिए उम्र कम से कम 18 साल होनी चाहिए। उस समय मैं 18 का भी नहीं था। यह खबर सुनकर मेरी उम्मीदों को गहरा झटका लगा।

मैंने कई रातें जागकर सोचा कि इस समस्या का समाधान कैसे निकाला जाए। मेरे पास न पैसे थे, न अनुभव, और अब उम्र भी मेरी राह का रोड़ा बन गई थी। लेकिन मैंने हार नहीं मानी।

तभी मुझे सोनम की याद आई। सोनम को जब मैंने अपने ऑफिस में काम पर रखा था, तब उसकी मम्मी से मेरी अच्छी पहचान हो गई थी। वह एक ईमानदार और सादगी भरी महिला थीं। मैंने सोचा, "क्यों न उनके नाम से टिन नंबर लिया जाए?"

हालांकि, इस प्रस्ताव को उनके सामने रखना मेरे लिए आसान नहीं था। कई दिनों तक मैंने अपने आप से लड़ाई लड़ी कि यह सही है या नहीं। लेकिन मेरे सपने की आग ने मुझे रुकने नहीं दिया। आखिरकार, मैंने सोनम की मम्मी से बात की। मेरी बात सुनकर उन्होंने बिना किसी झिझक के मेरी मदद करने का फैसला किया।

जब दिसंबर में कॉलेज की छुट्टियां हुईं, तो मैंने वह एक महीने का समय पूरी तरह अपने सपने को समर्पित करने का फैसला किया। मैं उसी शहर लौटा, जहां मैंने पहले अपना ऑफिस शुरू किया था। वहां पहुंचकर मैंने टिन नंबर के लिए आवेदन किया।

उस शहर का हर कोना मुझे मेरे संघर्ष की याद दिलाता था। वह गर्मियों की रातें, भूख के मारे अजनबी शादियों में घुसना, और ऑफिस की तपिश में सोना—हर अनुभव ने मुझे और मजबूत बनाया था। इस बार मैं न केवल एक टिन नंबर के लिए आया था, बल्कि अपने सपने को एक नई दिशा देने के लिए भी।

इस अनुभव ने मुझे एक गहरी सीख दी—जिंदगी में हर बाधा एक मौका लेकर आती है। अगर उम्र, पैसा, या परिस्थितियां आपको रोकने की कोशिश करें, तो आपको अपने हौसले और जिद के

साथ उनसे लड़ना होगा। सपनों को हकीकत में बदलने का सफर आसान नहीं होता, लेकिन जब आप रास्ते की कठिनाइयों को स्वीकार कर उन्हें पार करते हैं, तो वह सफर ही आपकी असली जीत बन जाता है।

सोनम की मम्मी का वह छोटा-सा सहयोग मेरे लिए एक बड़ा सहारा बन गया। यह मुझे सिखाता है कि जब आपके इरादे सच्चे हों, तो लोग आपकी मदद के लिए आगे आते हैं। संघर्ष की राह भले ही अकेली लगे, लेकिन आपके दृढ़ निश्चय से लोग आपकी ताकत बन जाते हैं।

इस सफर ने मुझे न केवल अपने सपने के करीब लाया, बल्कि मुझे यह भी सिखाया कि जब तक आपके दिल में जुनून और हौसला है, तब तक कोई भी बाधा आपको रोक नहीं सकती। संघर्ष के हर कदम ने मुझे मजबूत बनाया और मेरे सपने को पंख दिए।

10. सर्द रातें

शहर तो आ गया था, लेकिन मेरे पास रहने की कोई जगह नहीं थी। जेब में इतने ही पैसे थे, जितने में कागज़ात तैयार करवाने का काम हो सके। फिर सोचा, कुछ दिनों की ही तो बात है, रेलवे स्टेशन पर गुज़ारा कर लूंगा।

स्टेशन पर पहुंचकर सबसे पहले सारे ज़रूरी दस्तावेज़ इकट्ठा किए और वकील साहब को दे दिए। उनसे निवेदन किया कि काम जल्द से जल्द निपटा दें। लेकिन सरकारी कामों की धीमी रफ्तार का अंदाजा तब हुआ, जब हर दिन नई अड़चनें सामने आने लगीं।

टैक्स ऑफिस की हालत किसी पुरानी, वीरान इमारत जैसी थी। चारों ओर मकड़ियों के जाले, दीवारों पर सैकड़ों साल पुरानी धूल और पुताई का नामो-निशान तक नहीं। जर्जर कुर्सियां अपनी कराहट से बयान कर रही थीं कि यह जगह बस चलती भर है। वहां का माहौल ही ऐसा था, जैसे वक्त खुद यहां थम गया हो।

हर रात मेरे लिए भारी साबित हो रही थी। दिसंबर की कड़कड़ाती सर्दी में बिना कंबल के रेलवे स्टेशन के ठंडे फर्श पर जहां जगह

मिलती, वहीं लेट जाता। कॉलेज की तरफ से मिला कोट ही ओढ़कर सोता। स्कूल की पुरानी ड्रेस ही मेरे लिए दिनभर पहनने का सहारा थी। उसी हालत में, ठिठुरते हुए, जगह-जगह काम के सिलसिले में भटकता रहता।

अखबारों में हर सुबह सर्दी से मरने वालों की खबरें पढ़ता, और खुद को उन हालातों में पाता जहां मेरे लिए भी वो खतरा असली था। जेब में पैसे नहीं होते, तो पूरा दिन पैदल चलना पड़ता। कॉलेज के पुराने जूतों के साथ शाम को जब रेलवे स्टेशन पर पहुंचता और उन्हें उतारता, तो पैरों से खून रिस रहा होता। पैरों में छाले पड़ गए थे, जो हर कदम के साथ दर्द की एक नई कहानी सुनाते थे।

दूसरे दिन फिर से सुबह-सुबह, कागजात लेकर टैक्स ऑफिस की ओर निकला। रास्ते में ठंडी हवा बदन को चीरती हुई गुजर रही थी। जेब में चंद रुपये, और उन रुपयों का हर नोट जैसे मेरी सांसों का हिसाब रख रहा हो। ऑफिस पहुंचा, तो एक नए ही दृश्य ने मेरा स्वागत किया। वहां के कर्मचारी सुस्त थे, और हर टेबल पर फाइलों का अंबार जमा था। दीवारें पसीने से तरबतर थीं, जैसे खुद उनकी भी हालत खराब हो।

हर कदम पर कोई नई रुकावट, कोई नया बहाना। बाबूजी कहते, "फॉर्म सही नहीं भरा है," या फिर, "आज साहब नहीं आए, कल आना।" मैं हर बार कागजात ठीक कराकर ले जाता, लेकिन हर बार एक और कारण मुझे रोक देता। कई बार लगा कि शायद मैं वापस

लौट जाऊं, लेकिन फिर मन में एक आवाज आई, "क्या इस सफर की शुरुआत इतनी कमजोर थी कि एक 'ना' मुझे रोक देगी?"

रातें रेलवे स्टेशन पर गुजर रहीं थीं। दिसंबर का महीना, सर्द हवा जैसे हर सांस को चुनौती दे रही थी। मैं कोट में सिकुड़कर खुद को ढकने की कोशिश करता। जब प्लेटफॉर्म पर बेंच खाली मिलती, तो उसे ही बिस्तर बना लेता, वरना फर्श पर अखबार बिछाकर सोने की कोशिश करता। रातभर ट्रेन के शोर और लोगों की आवाजें नींद छीन लेतीं।

कई बार तो सोने के बजाय प्लेटफॉर्म पर टहलते हुए पूरी रात गुजार दी। ठंडी हवा जब हड्डियों तक पहुंचती, तो ऐसा लगता मानो मेरी आत्मा भी कांप उठी हो। सुबह उठकर खुद को किसी तरह संभालता और फिर दिनभर के संघर्ष के लिए तैयार हो जाता।

भूख मेरी सबसे बड़ी दुश्मन बन चुकी थी। स्टेशन के बाहर मिलने वाली 10 रुपये की चाय और ब्रेड किसी दावत से कम नहीं लगती थी। लेकिन जब वो भी मुमकिन नहीं होता, तो मैं खुद को यह सोचकर दिलासा देता, "यह भूख मेरी ताकत है। इसे झेलना मेरे सपने का हिस्सा है।" कई दिन बिना कुछ खाए निकल गए। जब भूख बर्दाश्त से बाहर हो जाती, तो प्लेटफॉर्म पर बिकने वाले खाने को देखता और मन को समझाता, "अभी नहीं, बस थोड़ा और इंतजार।"

मेरा हाल भी उन तमाम लोगो की तरह हो गया था जो दिन भर भटकने के बाद रात का आसरा लेने स्टेशन पर आते थे

स्टेशन की हर रात मुझे मेरे भीतर झांकने का मौका देती थी। जब नींद नहीं आती, तो खुद से सवाल करता, "क्या ये सब सही है? क्या मेरी मेहनत कभी रंग लाएगी?" जवाब हर बार वही होता, "सपने बड़े हैं, तो संघर्ष भी बड़ा होगा। अगर आज हार गए, तो कल ये रातें तुम्हें हमेशा ताने देंगी।"

रातभर अपने मन को समझाते हुए सुबह तक का इंतजार करता। हर सुबह खुद को यकीन दिलाता कि ये सिर्फ कुछ दिनों की बात है। "अगर मैं यह सह सकता हूं, तो दुनिया की कोई मुश्किल मुझे रोक नहीं सकती।"

वकील साहब से मिलकर जब उन्होंने कहा, "अभी और समय लगेगा," तो मन टूटने लगा था। पर हर बार खुद को यही समझाया कि ये वक्त मेरी परीक्षा ले रहा है। हर असफल कोशिश के बाद मैं और मजबूत होता गया। मैंने सीखा कि रास्ते कितने भी कठिन क्यों न हों, अगर हौसला बुलंद हो, तो मंजिल जरूर मिलती है।

इस सफर ने मुझे यह समझाया कि सफलता सिर्फ मेहनत और पसीने की कीमत नहीं मांगती, बल्कि वह हर उस दर्द की कीमत मांगती है, जो आपकी आत्मा को मजबूत करता है। ठंड, भूख, और थकावट भले ही मेरे शरीर को तोड़ रही थी, लेकिन मेरी आत्मा को और ताकतवर बना रही थी।

उस शहर में एक महीना रेलवे स्टेशन पर बिताना मेरी ज़िंदगी का सबसे कठिन और दर्दभरा दौर था। हर सुबह आंखों में उम्मीद और दिल में दर्द लिए सरकारी दफ्तर के चक्कर काटता, और हर शाम हाथ खाली लौटता। स्टेशन की वो ठंडी बेंचें अब मेरे लिए घर जैसी बन गई थीं। लेकिन हर रात जब आसमान की तरफ देखता, तो यही सोचता, "क्या मैं कभी इस हालात से बाहर निकल पाऊंगा?"

सर्दियों की ठंडी रातें मेरी सबसे बड़ी दुश्मन थीं। कोट और पुरानी शर्ट की ओट में खुद को समेटने की कोशिश करता, लेकिन ठंड जैसे मेरी आत्मा तक पहुंच जाती थी। पैसे खत्म हो चुके थे, और खाने का कोई पक्का इंतजाम नहीं था। कई बार अनजान शादियों में जाकर खाना खा लेता, लेकिन हर बार ऐसा करने पर दिल में एक अजीब-सी ग्लानि होती। मुझे लगता था कि मैं अपनी खुद की पहचान और स्वाभिमान खो रहा हूं।

एक दिन, शौचालय के मालिक ने मेरी हालत देखी और मुझसे कहा, "बेटा, यहां इतनी रातें बिता लीं, क्यों न यहीं रात की ड्यूटी कर लो? ₹50 रोज़ाना मिलेंगे।" उनकी यह बात मेरे लिए किसी वरदान से कम नहीं थी। मैंने बिना सोचे-समझे हां कर दी। अब रात की ड्यूटी मेरी दिनचर्या का हिस्सा बन गई थी।

रातभर शौचालय के पास बैठे-बैठे आने-जाने वालों को देखता और रात भर कुर्सी पर बैठा रहता। कुछ लोग अपने परिवार के साथ खुश नजर आते, तो कुछ मेरी ही तरह अकेले और परेशान दिखते।

हर इंसान की कहानी अलग थी, लेकिन सबके संघर्ष मुझे अपने जैसे ही लगते थे।

सुबह होते ही मालिक ₹50 का नोट थमाता और चाय के लिए कहता। वो गर्मागर्म चाय और ₹50 मेरे लिए किसी खजाने से कम नहीं थे। उन पैसों से मैं अगले दिन के लिए कुछ खाने का जुगाड़ करता। हर ₹50 के नोट ने मुझे यह सिखाया कि छोटा-सा सहारा भी इंसान के जीवन में कितनी बड़ी उम्मीद ला सकता है। धीरे धीरे स्टेशन पर काम करने वाले मुझे जानने लगे थे।

जब दिनभर सरकारी दफ्तर के चक्कर काटते-काटते जब थक जाता, तो पास के भोलेनाथ के मंदिर चला जाता। वहां जाकर भगवान से अपनी बातें कहता। "भोलेनाथ, मुझे बस इतना सहारा दो कि मैं हार न मानूं। मेरे सपनों का बोझ उठाने के लिए मेरी हिम्मत को और मजबूत बना दो।" वो कुछ पल मेरी आत्मा को शांति देते और मेरा विश्वास और मजबूत कर देते थे।

पेट की भूख सबसे बड़ी परीक्षा थी। स्टेशन के बाहर बिकने वाले पकौड़े, समोसे, और चाय की महक मुझे अंदर तक बेचैन कर देती थी। कई बार भूख की वजह से नींद नहीं आती थी। लेकिन जब भी हार मानने का ख्याल आता, तो खुद से कहता, "ये भूख अस्थायी है। जब तुम्हारा सपना पूरा होगा, तब यह भूख तुम्हारी ताकत बन जाएगी।"

शहर में दो महीने गुजर गए। हर दिन एक नया सबक सिखा रहा था। मैंने महसूस किया कि जिंदगी की सबसे बड़ी परीक्षा तब होती है, जब आपको हर तरफ से हारने के बाद भी खुद पर भरोसा रखना होता है। जब किसी दोस्त ने खाना खिला दिया, तो वो एक नई ऊर्जा बन जाता था। जब मालिक ₹50 पकड़ाते, तो लगता कि यह पैसा मेरे सपनों को जिंदा रखने के लिए है।

इतने संघर्षों के बाद, आखिरकार मेरे कागज़ात तैयार हो गए। वो दिन मेरी ज़िंदगी का सबसे खुशनुमा दिन था। ऐसा लगा कि जैसे भगवान ने मेरी प्रार्थनाएं सुन ली हों। मैंने कागज़ात संभाले और कॉलेज लौट आया।

इस दो महीने के सफर ने मुझे सिर्फ एक टिन नंबर नहीं दिया, बल्कि आत्मविश्वास, हिम्मत, और धैर्य का पाठ पढ़ाया। मैंने सीखा कि "सपने देखने के लिए हौसला चाहिए, और उन्हें पूरा करने के लिए संघर्ष।"

रेलवे स्टेशन की उन ठंडी रातों और शौचालय की नौकरी ने मुझे यह सिखाया कि कोई काम छोटा या बड़ा नहीं होता। हर छोटा कदम एक बड़ी मंजिल की ओर बढ़ाता है। वो ₹50, वो चाय, और वो भगवान से की गई प्रार्थनाएं आज भी मेरे दिल में बसी हुई हैं।

यह सफर सिर्फ मेरी ज़िंदगी का हिस्सा नहीं था, यह मेरे भीतर एक नया इंसान पैदा करने का अनुभव था। एक ऐसा इंसान, जो हर हालात में झुकने की बजाय खड़ा रहना जानता है।

11. कॉलेज और काम

अब कालेज वापस आने के बाद सबसे बड़ा सवाल था: "मैं बेचूंगा क्या?" यह सवाल हर वक्त मेरे दिमाग में गूंजता रहता। मैं दिल्ली के चांदनी चौक की तंग गलियों में जवाब तलाशने के लिए भटकने लगा। चांदनी चौक का हर कोना मानो मुझे कुछ सिखा रहा था। वहाँ की रौनक, दुकानों का शोर, और ग्राहकों की भीड़ देखकर मेरे अंदर एक नई उम्मीद जगती।

सड़क किनारे सजी दुकानें और उन पर रखे सामान को ध्यान से देखता। हर एक चीज़ को समझने की कोशिश करता—क्या बिकता है, कैसे बिकता है, और किस तरह लोग सामान खरीदते हैं। धीरे-धीरे, मैंने पर्स, टाई, बच्चों के खिलौने, और लेडीज मेकअप जैसी चीजों की एक लंबी सूची तैयार की। अब मुझे यकीन था कि इन चीजों को बेचने से मैं शुरुआत कर सकता हूँ।

सूची तो बन गई थी, लेकिन अगली चुनौती थी इन चीजों को ऑनलाइन बेचने की। मैंने अमेज़न और फ्लिपकार्ट पर एक अकाउंट बनाया। लेकिन यह काम जितना आसान लगता था,

उतना था नहीं। कागजी कार्रवाई पूरी करने में जो मुश्किल हुई, वो एक अलग ही जंग थी।

जब ऑनलाइन स्टोर शुरू हुआ, तब असली संघर्ष शुरू हुआ। मेरे पास इतने पैसे नहीं थे कि मैं पहले से सामान का स्टॉक खरीद सकूं। जो भी ऑर्डर आता, मैं उतना सामान चांदनी चौक से खरीदता। हर बार वहाँ से लौटते वक्त खुद को समझाता कि एक दिन सब ठीक होगा।

होस्टल में जाकर पैकेट्स को पैक करता। सबसे कठिन काम था ऊपर के लेबल प्रिंट करना। पास में प्रिंटर तो था नहीं, तो बाजार जाकर प्रिंट कराता और फिर लेबल चिपकाता। जब कूरियर वाले आते, तो दिल को थोड़ी तसल्ली मिलती कि मेरा काम आगे बढ़ रहा है।

मेरे इस काम को देखकर होस्टल के लड़के मज़ाक उड़ाते। उनके ताने मुझे चुभते, लेकिन मेरे सपने मेरे आत्मसम्मान से भी बड़े थे। मैं जानता था कि अगर मुझे अपनी मंजिल तक पहुँचना है, तो मुझे समाज के तानों से ऊपर उठना होगा।

हर रात अपने कमरे में बैठकर पैकिंग करते हुए अपने भविष्य की तस्वीरें बनाता। मैं सोचता था कि कैसे एक दिन मेरे संघर्ष रंग लाएँगे। और इसी सोच ने मुझे कभी हार मानने नहीं दी।

धीरे-धीरे मेरा काम थोड़ा चलने लगा। और इसी दौरान दीवाली का त्यौहार आ गया। मेरा कॉलेज जिस गाँव मे था वहां एक गरीब

कुम्हार रहता था। उसने बड़ी मेहनत से दीये बनाए थे, लेकिन खरीदने वाला कोई नहीं था। उसकी आँखों में बेबसी देखकर मुझे लगा कि मुझे उसकी मदद करनी चाहिए।

मैंने उसके दीयों को भी ऑनलाइन बेचना शुरू कर दिया। मुझे याद है कि पहले दिन सिर्फ एक ऑर्डर आया था। लेकिन जैसे-जैसे दीवाली करीब आई, ऑर्डर की संख्या बढ़ती गई।

एक दिन अचानक इतने ऑर्डर आ गए कि मेरे पास पैकिंग का सामान खत्म हो गया। यह मेरे लिए सबसे बड़ा संकट था। अगर मैंने उन ऑर्डर्स को समय पर पूरा नहीं किया, तो ग्राहक नाराज हो सकते थे, और मेरा ऑनलाइन स्टोर बंद होने का खतरा था।

मैंने हर जगह फोन किया और पता चला कि नोएडा में पैकिंग का सामान मिल सकता है। तुरंत बड़े से कार्टन में दीयों को पैक किया और मेट्रो पकड़कर नोएडा पहुँच गया। वहाँ सामान तो मिल गया, लेकिन पैकिंग के लिए कोई जगह नहीं थी।

मैंने हार मानने से इनकार कर दिया। सेक्टर 18 मेट्रो स्टेशन के नीचे सड़क किनारे बैठकर पैकिंग शुरू कर दी। वहाँ से गुजरने वाले लोग मुझे अजीब निगाहों से देख रहे थे। लेकिन मुझे उनकी परवाह नहीं थी। मेरे लिए उस वक्त सबसे जरूरी था अपना काम पूरा करना।

पैकिंग करते-करते मेरे हाथ से टेप छूटकर पास की नाली में गिर गया। उस वक्त रात हो चुकी थी, और चारों तरफ अंधेरा था। मेरे

पास दूसरा टेप नहीं था, और अगर पैकिंग अधूरी रहती, तो मुझे बड़ा नुकसान उठाना पड़ता।

मैंने नाली में हाथ डालकर टेप निकाला। हाथ कीचड़ से भर गया, लेकिन मेरी नजरें सिर्फ उस टेप पर थीं। मैंने टेप को साफ किया और फिर से पैकिंग में जुट गया।

सामान उठाते-उठाते मेरे हाथ में चोट लग गई। खून बहने लगा, लेकिन मेरे पास रुकने का समय नहीं था। मैंने चोट पर टेप चिपकाया और जैसे-तैसे पैकिंग पूरी की।

आखिरकार, रात के अंधेरे में नोएडा के एक कोरियर सेंटर पर पहुँचकर पैकेट्स सौंपे। जब मैं वापस लौटा, तो थकान से चूर हो चुका था। लेकिन मेरे दिल में सुकून था। मैंने उस दिन सीखा कि अगर इंसान अपने सपनों के लिए पूरी शिद्दत से काम करे, तो दुनिया की कोई ताकत उसे रोक नहीं सकती।

इस सफर ने मुझे सिखाया कि सपने सिर्फ देखे नहीं जाते, उन्हें सच करने के लिए हर मुश्किल को पार करना पड़ता है। संघर्ष ही सफलता की असली चाबी है।

जब वापस हॉस्टल पहुँचा और खाने के लिए बैठा, तो दोस्तों ने मुझे घेर लिया। उनकी हंसी, उनके ताने और उनकी बातें मेरे दिल में तीर की तरह चुभने लगीं। किसी ने कहा, "देखो, हमारा सी ई ओ वापस आ गया!" तो किसी ने मजाक में कहा, "डिलीवरी बॉय बनने के लिए ही कॉलेज आया था क्या?" उनकी बातों में छिपा

हुआ कटाक्ष और मजाक मेरी आत्मा को झकझोर रहा था। मैंने अपनी थाली उठाई, उसमें रखा आधा खाना वापस किया और बिना एक शब्द बोले कमरे में चला गया। भूख से ज्यादा मुझे उस वक्त उनकी बातों ने तोड़ दिया था। बिस्तर पर लेटते हुए मेरी आँखों से आँसू छलक पड़े।

कुछ दिनों बाद, जैसे हर तूफान अचानक आता है, वैसे ही पापा फूफा जी के साथ हॉस्टल आ गए। उस वक्त मैं चांदनी चौक में सामान खरीदने गया हुआ था। जब वो कॉलेज पहुँचे, तो मुझे वहाँ नहीं पाया। वे मेरे बारे में पूछताछ करने वॉर्डन के पास पहुँचे। वॉर्डन ने बिना पूरी जानकारी के कह दिया, "वो तो यहाँ कम ही रहता है, डिलीवरी का काम करता है शायद।"

पापा ने यह सुना और एक शब्द भी बोले बिना वापस चले गए। उन्होंने मुझसे कुछ पूछने की कोशिश भी नहीं की। ना मेरी स्थिति को समझा, ना मेरी मेहनत को देखा। उन्होंने मान लिया कि मैं उनके सपनों को बर्बाद कर रहा हूँ। जब यह बात मुझे पता चली, तो मेरे दिल पर एक गहरी चोट लगी। यह अहसास, कि मेरे सबसे करीबी लोग मेरी सच्चाई को नहीं देख पा रहे, मुझे अंदर से तोड़ रहा था।

उस दिन मुझे एहसास हुआ कि अपने सपनों की राह में, आपको न केवल समाज के सवालों का सामना करना पड़ता है, बल्कि कभी-कभी अपनों की गलतफहमियों का बोझ भी उठाना पड़ता है। शायद पापा मेरी मजबूरी को नहीं समझ सके, लेकिन मैं जानता था

कि जो कुछ कर रहा हूँ, वो सिर्फ अपने लिए नहीं, बल्कि उन्हीं के लिए है।

ऑर्डर्स धीरे-धीरे बढ़ने लगे, लेकिन मैं उन्हें समय पर भेजने में असफल होने लगा। सिस्टम खराब हो गया था, और ग्राहक शिकायत करने लगे। इसी बीच, अमेज़न ने मेरा अकाउंट ही बंद कर दिया। वो एक पल था जब लगा कि मेरी सारी मेहनत बेकार हो गई। मेरे सपने जो मैंने बड़ी मेहनत से बनाए थे, बिखर गए।

उस रात मैं पूरी तरह टूट गया। कमरे में अकेला बैठा था, और मेरी आँखों से आँसू रुकने का नाम नहीं ले रहे थे। खाने का मन नहीं था, किसी से बात करने का मन नहीं था। मेरे पास कोई ऐसा नहीं था जिससे मैं अपने दिल की बात कह पाता। सिर्फ आरोही थी, जो हर रात मुझे फोन करती और मेरा हाल पूछती। उसकी आवाज़ मुझे सुकून देती थी, लेकिन मेरे पास खुद उसे फोन करने का विकल्प तक नहीं था। यह वक्त इतना कठिन था कि मैंने महसूस किया, असली अकेलापन क्या होता है।

कुछ दिनों बाद, एक कॉल सेंटर में रात की शिफ्ट की नौकरी मिल गई। यह नौकरी मेरी उम्मीदों का सहारा बन गई। हर रात मैं काम पर जाता और सुबह लौटता। सर्दियों का मौसम था, और सुबह 5 बजे जब नौकरी से छुट्टी होती, तो कॉलेज जाने के लिए रिक्शा सुबह 8 बजे से पहले नहीं मिलता। मैं उन तीन घंटों तक सड़क पर बैठा रहता, ठंड में कांपता हुआ। आसपास से गुज़रती ठंडी हवा और खाली सड़कों का सन्नाटा मेरी परेश।नियों को और बढ़ा देता।

धीरे-धीरे, मुझे एहसास हुआ कि जिस कॉल सेंटर में काम कर रहा था, उनका काम नैतिकता के दायरे से बाहर था। वे लोगों को धोखा दे रहे थे, और मैं इसमें अपना योगदान नहीं दे सकता था। मैंने नौकरी छोड़ने का फैसला किया।

इस दौरान मैंने थोड़े पैसे जमा कर लिए थे। मुझे हमेशा से फोटोग्राफी का शौक था। लगा कि शायद इसी शौक को आगे बढ़ाकर मैं अपने सपनों को पूरा कर सकता हूँ। लेकिन जब कैमरे की कीमत पता चली, तो मेरा दिल बैठ गया। मेरे पास इतने पैसे नहीं थे कि मैं एक अच्छा कैमरा खरीद सकूँ।

यह एहसास कि सपनों को साकार करने के लिए सिर्फ मेहनत ही नहीं, बल्कि सही संसाधनों की भी जरूरत होती है, मेरे लिए बहुत बड़ा सबक था। मैंने महसूस किया कि जिंदगी में हर असफलता हमें सिर्फ गिराने के लिए नहीं होती, बल्कि हमें मजबूत बनाने के लिए होती है।

इस पूरे सफर में मैंने यह सीखा कि असफलता हमारे रास्ते की बाधा नहीं होती, बल्कि वह हमें सही रास्ता दिखाने वाली राह होती है। हर ठोकर, हर गिरावट, और हर आँसू ने मुझे एक मजबूत इंसान बनाया। मैंने जाना कि सपने देखना आसान है, लेकिन उन्हें पूरा करने के लिए अपनी हर सांस और हर धड़कन को दांव पर लगाना पड़ता है।

रिश्तों की खामोशी, समाज के ताने, और अंदर का अकेलापन... यह सब मुझे तोड़ने के लिए नहीं थे। यह सब मुझे गढ़ने के लिए थे। जिंदगी ने मुझे दिखाया कि जब तक आपके दिल में जुनून है और आपकी मेहनत सच्ची है, तब तक कोई भी मुश्किल आपको रोक नहीं सकती।

12. प्रेरणा

मेरे पास इतने पैसे नहीं थे कि मैं अपना सपना पूरा कर सकूं और एक नया कैमरा खरीद लूं। पर मेरा इरादा पक्का था। हर सुबह जब उठता, तो एक ही सवाल मेरे मन में गूंजता: "क्या मैं अपने सपने को सच कर पाऊंगा?" दिल में विश्वास था, लेकिन जेब की सच्चाई हर बार मुझे रोक देती थी।

एक दिन थका-हारा हॉस्टल के कमरे में बैठा हुआ था, जब एक पुरानी याद मेरे दिल में उभर आई। वह वक्त जब मैं मौसीजी के घर रहता था। मौसीजी के घर के पास एक आंटी रहती थीं, जो कागज के डिस्पोजेबल दोने बनाकर बेचती थीं। उनका वह छोटा-सा काम तब भी मेरे लिए प्रेरणा का स्रोत था। मैंने देखा था कि कैसे वो अपने हाथों से मेहनत करके अपने परिवार का पेट पालती थीं। उनकी आंखों में हमेशा एक चमक होती थी—मेहनत की चमक।

बस, वही पुरानी याद मेरे दिल और दिमाग में गूंजने लगी। उस दिन मैंने तय किया कि मैं भी वहीं से शुरुआत करूंगा। मैंने सोचा,

"अगर मैं कुछ ऐसा करूं, जिससे खुद के लिए पैसे कमा सकूं और साथ ही कुछ सीखूं, तो क्यों न उसे आजमाया जाए?"

मैंने इस काम के बारे में सारी जानकारी जुटानी शुरू कर दी। इंटरनेट खंगाला, बाजारों में गया, और जानकारों से सलाह ली। काफी खोजबीन और मेहनत के बाद पता चला कि इस काम को बड़े पैमाने पर करने के लिए एक खास मशीन की जरूरत होगी। लेकिन उस मशीन की कीमत सुनकर मेरा दिल बैठ गया। यह मेरी सोच से कहीं ज्यादा थी।

पर मैंने हार मानने से इनकार कर दिया। मैंने कॉलेज के पास ही एक छोटा-सा कमरा किराए पर लिया। दोस्तों और कुछ परिचितों से पैसे उधार लिए और आखिरकार मशीन खरीदने का इंतजाम किया। यह आसान नहीं था। हर बार जब पैसे की कमी महसूस होती, तो मुझे अपने भीतर से एक आवाज आती, "क्या तेरा सपना इतना कमजोर है कि थोड़ी सी परेशानी में टूट जाए?"

फैक्ट्री की शुरुआत हुई, लेकिन यह बिल्कुल भी आसान नहीं था। कॉलेज की पढ़ाई के बाद, मैं रात में मशीन चलाता। मशीन से जो भी सामान बनता, उसे सुबह पैक करके दुकानों में सप्लाई करता। यह काम आसान नहीं था। कई बार थकान इतनी बढ़ जाती कि लगता, सब छोड़ दूं। पर हर बार मेरा सपना मेरी हिम्मत बढ़ा देता।

दिनभर की भागदौड़ और रातभर की मेहनत के बावजूद, मैं थकता नहीं था। लेकिन जल्दी ही मुझे समझ में आ गया कि इस काम से

इतना मुनाफा नहीं होगा कि मैं अपना सपना पूरा कर सकूं। इसके अलावा, कॉलेज और काम के बीच समय निकाल पाना भी मुश्किल हो रहा था।

एक दिन, मशीन खराब हो गई। मेरे पास इसे ठीक करवाने के पैसे नहीं थे। मुझे लगा कि सब कुछ खत्म हो गया है। उस रात मैं अपने कमरे में बैठकर फूट-फूटकर रोया। आंखों से बहते आँसू मानो मेरे भीतर का सारा दर्द बयान कर रहे थे।

लेकिन रोने से कुछ हासिल नहीं होता। मैंने फैसला किया कि मशीन खुद ठीक करूंगा। मशीन के पुर्जे खोलने में हाथ घायल हो गए। उंगलियों से खून निकल रहा था, लेकिन मैंने हार नहीं मानी। पूरा दिन और पूरी रात मशीन ठीक करने में लगी, और आखिरकार वह चल पड़ी।

हालांकि इस काम में मुनाफा तो था, लेकिन उतना नहीं कि मैं अपने सपने पूरे कर सकूं। तब मैंने अपनी सोच को एक नई दिशा देने का फैसला किया। मैंने सोचा, "अगर माल बेचने में ज्यादा फायदा नहीं है, तो क्यों न मशीन बेचने का काम शुरू किया जाए?"

लेकिन समस्या यह थी कि मेरे पास इतने पैसे नहीं थे कि मैं इस नए काम की शुरुआत कर पाता। मैंने एक बार फिर से उधार मांगने की कोशिश की, लेकिन इस बार ज्यादातर लोगों ने मना कर दिया। शायद वे मेरी पिछली असफलता से डर गए थे।

तभी मुझे एक ख्याल आया। जिस व्यक्ति से मैंने मशीन खरीदी थी, क्यों न उसी की मशीनें बेचने का प्रस्ताव रखा जाए? यह विचार मेरे लिए उम्मीद की नई किरण जैसा था। मैंने उनसे संपर्क किया और पूछा कि अगर मैं उनकी मशीनें बेचूं, तो मुझे कितना कमीशन मिलेगा। उन्होंने मुझे एक प्रस्ताव दिया, जिसमें मिलने वाला कमीशन मेरे मौजूदा व्यवसाय की कमाई से कहीं ज्यादा था।

यह सुनकर मेरी आंखों में एक नई चमक आ गई। मैंने महसूस किया कि यही वह रास्ता है, जिससे मैं अपने सपनों को साकार कर सकता हूं। उस वक्त मेरी जिंदगी अंधकार से भरी थी, लेकिन यह विचार जैसे रोशनी की किरण लेकर आया। मैंने तुरंत इस काम में जुट जाने का फैसला किया।

उस समय इंटरनेट का क्रेज बढ़ रहा था, और जियो की वजह से चीजें और भी आसान हो गई थीं। मैंने मशीन की सारी जानकारी इंटरनेट पर डालनी शुरू की। इसके साथ ही, मैंने लोगों को इस व्यवसाय के बारे में समझाना और प्रेरित करना शुरू कर दिया। दिन-रात मेहनत करता, लोगों को फोन करता, ईमेल भेजता, और हर छोटी-छोटी बात पर ध्यान देता।

धीरे-धीरे मेरे प्रयास रंग लाने लगे। लोग इस काम में रुचि दिखाने लगे, और मुझे हर बिक्री पर अच्छा कमीशन भी मिलने लगा। मेरे अंदर एक नया आत्मविश्वास जाग उठा। ऐसा लग रहा था कि मैं धीरे-धीरे अपनी मंजिल के करीब पहुंच रहा हूं।

लेकिन यह खुशी भी ज्यादा दिन तक नहीं टिक पाई। जिस व्यक्ति से मैं मशीनें खरीदता था, उनकी नीयत बदल गई। जब उन्होंने देखा कि मेरे पास अच्छे ग्राहक आने लगे हैं, तो उन्होंने मुझे छोटा और नासमझ समझकर साइड करने की योजना बना ली।

एक दिन उन्होंने ग्राहकों से पैसे तो ले लिए, लेकिन मशीनें नहीं भेजीं। मैं यह अन्याय होते हुए नहीं देख सकता था। चूंकि ग्राहकों से लेन-देन की पूरी जिम्मेदारी मैंने ली थी, मुझे इस स्थिति का समाधान निकालना ही था।

जब ग्राहकों ने शिकायत की, तो मैंने तुरंत उस व्यक्ति से बात की। लेकिन उन्होंने न तो अपनी गलती मानी, न ही मशीनें देने को तैयार हुए। यह मेरे लिए एक बड़ा झटका था।

लेकिन मैंने हार मानने से इनकार कर दिया। अगले ही दिन मैंने नए मशीन विक्रेता की तलाश शुरू की। कुछ दिनों की खोजबीन के बाद, मुझे एक अच्छा सप्लायर मिल गया। लेकिन वह जयपुर में था। मैंने तुरंत अगले ही दिन वहाँ जाने की योजना बना ली।

उस रात कॉलेज में एक बड़ा कार्यक्रम चल रहा था, लेकिन मैंने उसे छोड़ दिया। मेरे पास खुद का कोई साधन नहीं था। जैसे हमेशा करता था, मैंने रास्ते में लिफ्ट लेना शुरू किया। काफी कोशिश के बाद, एक व्यक्ति ने मुझे लिफ्ट दी।

थोड़ी दूर जाने के बाद, उसने अपनी बाइक जंगल की तरफ मोड़ दी। मेरा दिल तेजी से धड़कने लगा। मैंने उससे बार-बार बाइक

रोकने की गुहार लगाई, लेकिन उसने मेरी बात अनसुनी कर दी। जब मुझे लगा कि खतरा टलने वाला नहीं है, तो मैंने चलते हुए बाइक से छलांग लगा दी।

गिरते ही मैं मिट्टी और पथरीले रास्ते पर लुढ़क गया। मेरे हाथ-पैर चोटिल हो गए, और पूरा शरीर धूल से भर गया। दर्द को नजरअंदाज करते हुए मैं जैसे-तैसे खड़ा हुआ। तभी वह व्यक्ति बाइक घुमाकर मेरे पास आ गया और मेरे सीने पर बंदूक रख दी उसने मुझे बताया कि वह एक बदमाश है और कल ही जेल से छूटा है। यह सुनकर मेरा खून जम गया।

उसने मुझसे मेरा मोबाइल और पर्स छीन लिया। हालांकि, मैंने पहले ही सावधानी बरतते हुए ₹8000 पर्स की अंदरूनी जेब में छिपा दिए थे। उसने पर्स की तलाशी ली और केवल ₹600 पाए। उसने उनमें से कुछ पैसे रखे और बाकियों को "किराया" बताकर लौटा दिया। मोबाइल लेकर वह जाने लगा।

मैं बेबस महसूस कर रहा था, लेकिन मैंने हार नहीं मानी। जैसे ही वो जाने लगा, मैंने उसे रोका और उससे अपनी सिम कार्ड वापस देने की विनती की। मैंने समझाया कि सिम कार्ड मेरे लिए कितना महत्वपूर्ण है। आखिरकार, मेरी बार-बार की मिन्नतों के बाद उसने मोबाइल वापस कर दिया और चला गया।

जैसे-तैसे मैंने अपने कपड़ों से मिट्टी झाड़ी और फिर सड़क पर आ गया। डर तो मेरे अंदर घर कर चुका था, लेकिन मेरे पास रुकने का

वक्त नहीं था। मुझे आगे बढ़ना था। मैंने फिर से लिफ्ट मांगनी शुरू की, क्योंकि यही मेरी आखिरी उम्मीद थी।

उस रात ने मुझे अंदर से तोड़ दिया था। हर चोट, हर गिरावट, और हर आँसू मुझे उस समय कमजोर बना रहे थे। लेकिन साथ ही, उस रात ने मुझे एक सच्चाई सिखाई—दुनिया में हर कदम पर संघर्ष है। जिंदगी हर दिन एक नई परीक्षा लेती है।

मैंने सीखा कि हर ठोकर हमें गिराने के लिए नहीं होती, बल्कि हमें मजबूत बनाने के लिए होती है। उस रात मैं अकेला था, दर्द से भरा था, लेकिन मैंने खुद को हारने नहीं दिया।

आखिरकार, मैं जयपुर पहुँचा और नए सप्लायर से मिला। उन्होंने मेरे प्रस्ताव को तुरंत स्वीकार कर लिया। उनके साथ काम शुरू करते ही मेरी परेशानियां धीरे-धीरे हल होने लगीं। इस पूरे अनुभव ने मुझे सिखाया कि जिंदगी में गिरना जरूरी है, क्योंकि हर गिरावट हमें उठने की ताकत देती है।

अंधेरी रातों में भी अगर हौसला कायम हो, तो सुबह का उजाला ज्यादा दूर नहीं होता। उस खतरनाक सफर और उन कड़वे अनुभवों ने मुझे सिखाया कि जब तक हम अपने सपनों को पाने की कोशिश करते रहेंगे, कोई भी बाधा हमें रोक नहीं सकती।

13. धोखा

हर इंसान के जीवन में ऐसे पल आते हैं जब वह अपने सपनों के लिए जोखिम उठाता है, और हर बार की तरह मेरी उम्मीद भी यही थी कि इस बार सबकुछ ठीक होगा। लेकिन जीवन हमेशा हमारी अपेक्षाओं पर खरा नहीं उतरता। मेरे साथ ऐसा ही हुआ।

मैंने जयपुर के एक नए मशीन विक्रेता से संपर्क किया। उनकी बातों और वादों ने मेरे अंदर उम्मीदों की एक नई किरण जगा दी थी। मैंने उनके साथ काम करने का फैसला किया। पैसों का इंतजाम कर, मैंने उन्हें वह रकम भेज दी, जो उन्होंने मशीन बनाने के लिए मांगी थी। मुझे यकीन था कि इस बार सब सही होगा।

कुछ दिनों बाद ग्राहक को मशीन डिलीवर की गई। मेरे अंदर खुशी का संचार हो रहा था कि शायद इस बार मेरा काम ठीक से शुरू होगा। लेकिन जब ग्राहक ने मुझे फोन किया और मशीन की शिकायत की, तो मेरे पैरों तले जमीन खिसक गई। मशीन सिर्फ एक ढांचा थी—काम करने लायक कुछ भी नहीं था।

यह मेरे लिए दूसरा बड़ा झटका था। इस स्थिति ने मेरे आत्मविश्वास को तोड़कर रख दिया। मैं गहरी सोच में पड़ गया कि अब क्या किया जाए। ग्राहक की शिकायत को नजरअंदाज करना मेरे सिद्धांतों के खिलाफ था। मैंने वह कदम उठाने का फैसला किया, जो मुझे अंदर से तोड़ रहा था—मैंने अपनी खुद की मशीन ग्राहक को देने का निर्णय लिया।

वह मशीन, जो मेरी मेहनत की कमाई का नतीजा थी, मेरे लिए सिर्फ एक उपकरण नहीं थी। वह मेरे संघर्ष, मेरी उम्मीद और मेरे भविष्य का प्रतीक थी। जब मैंने वह मशीन ग्राहक को दी, तो ऐसा लगा जैसे मेरा सपना मेरी आंखों के सामने टूटकर बिखर गया हो।

मैंने ग्राहक से ₹500 मांगे, ताकि कम से कम मेरी मेहनत की कुछ भरपाई हो सके। उन्होंने पैसे दिए, लेकिन उन पैसों को पकड़ते वक्त मेरी आंखों से आंसू निकल पड़े। वह पैसा मेरे लिए एक बड़ी हार की निशानी थी।

उस रात मैं अपने कमरे में बैठकर फूट-फूटकर रोया। ऐसा लगा जैसे मेरी सारी मेहनत, सारी उम्मीदें, और सारे सपने मुझसे छिन गए हों। उस पल मेरा मन हुआ कि सबकुछ छोड़ दूं, लेकिन भीतर की एक आवाज ने मुझे रोक लिया।

मेरे आस-पास कोई नहीं था, जिससे मैं अपनी बात साझा कर सकूं। जिन लोगों से मैं मदद की उम्मीद करता था, उन्होंने मुझसे बात

करना बंद कर दिया था। यह अकेलापन मेरे लिए सबसे बड़ा बोझ बन गया था।

लेकिन हार मानना मेरी फितरत में नहीं था। मैं अपने आंसुओं को अपनी ताकत बनाना चाहता था। मैंने ठान लिया कि चाहे कुछ भी हो जाए, मैं एक बार फिर खड़ा होऊंगा। मेरे लिए यह सिर्फ एक असफलता नहीं थी; यह मेरे लिए एक सीख थी कि कभी-कभी हमें सबसे बड़ी कुर्बानी देकर भी खुद को साबित करना पड़ता है।

मैंने तीसरी बार कोशिश करने का फैसला किया। इस बार मैंने एक नए मशीन विक्रेता से बात की। हमने तय किया कि मैं मार्केटिंग संभालूंगा, और निर्माण का काम वे करेंगे। शुरुआत में सबकुछ सही लगा। मैं अपने काम में दिन-रात मेहनत करने लगा।

धीरे-धीरे काम ने रफ्तार पकड़नी शुरू की, और मुझे ऐसा लगा कि मेरी मेहनत रंग ला रही है। लेकिन जल्द ही उनके इरादे भी बदलने लगे। उन्होंने मुझे बच्चा समझकर नजरअंदाज करना शुरू कर दिया। उन्होंने वादे के मुताबिक मुनाफा देना बंद कर दिया, और धीरे-धीरे मुझे साइडलाइन करना शुरू कर दिया।

यह मेरे लिए एक और झटका था। बार-बार के धोखे ने मेरे आत्मविश्वास को हिला दिया था, लेकिन मैंने इसे अपनी कमजोरी नहीं बनने दिया। मैंने तय कर लिया कि अब मैं किसी के साथ मिलकर काम नहीं करूंगा।

मैंने कसम खाई कि अब मैं अकेले अपने दम पर अपने सपनों को पूरा करूंगा। मैंने योजना बनानी शुरू की और अपने अनुभवों से सीखा कि दूसरों पर निर्भर रहकर काम करना मेरी सबसे बड़ी गलती थी। अब मैं अपनी रणनीति को नए सिरे से तैयार कर रहा था।

यह कहानी सिर्फ धोखे और असफलता की नहीं है। यह उस आत्मविश्वास और जज्बे की कहानी है, जो बार-बार गिरकर भी हमें उठने का साहस देता है। हर बार के धोखे ने मुझे एक नई सीख दी। मैंने जाना कि सफलता के रास्ते में मुश्किलें जरूर आती हैं, लेकिन वे हमें मजबूत बनाने के लिए होती हैं।

अगर हम अपने सपनों को लेकर सच्चे हैं और उन्हें पाने के लिए पूरी मेहनत कर रहे हैं, तो असफलता सिर्फ एक सबक है। वह हमें गिराने के लिए नहीं, बल्कि हमें और भी मजबूत बनाने के लिए आती है।

आज मैं इस सफर को देखता हूं तो समझ आता है कि यह संघर्ष मेरे जीवन का सबसे बड़ा शिक्षक था। अंधेरी रातें और अकेलापन मेरे सबसे बड़े साथी बने, जिन्होंने मुझे सिखाया कि हर सुबह की शुरुआत एक नई उम्मीद के साथ होती है।

जीवन हमें बार-बार परखता है, लेकिन जो हर परीक्षा में खरा उतरता है, वही अपनी मंजिल तक पहुंचता है।

14. गुरुजी

ज़िंदगी में कभी-कभी ऐसे लोग मिलते हैं जो हमारी पूरी दुनिया बदल देते हैं। मेरी जिंदगी में ऐसा ही एक किरदार थे मेरे गुरु, शक्ति सर। वे केवल एक इंसान नहीं, बल्कि चलते-फिरते प्रेरणा के स्रोत थे। उनसे पहली बार मिलने का मौका मेरी ज़िंदगी का सबसे बड़ा मोड़ साबित हुआ।

मैंने सुना था कि शक्ति सर एक बड़े और सम्मानित इंसान हैं। उनसे मिलने के लिए हर रोज़ सैकड़ों लोग आते थे। मैं उनसे मिलने के लिए अपने दिल में उम्मीद और दिमाग में बहुत सारे सवाल लिए उनके कार्यक्रम में पहुंचा। वहां इतनी भीड़ थी कि उनसे मिल पाना नामुमकिन लग रहा था। लेकिन मेरे पास कोई दूसरा रास्ता नहीं था।

उस रात मैंने रेलवे स्टेशन पर पूरी रात बिताई। ठंडी हवा के झोंकों और अकेलेपन के बीच मैं सिर्फ एक ख्याल लेकर जाग रहा था— "अगर मुझे उनसे मिलना है, तो हर हाल में सुबह सबसे पहले वहां पहुँचना होगा।" सुबह की पहली किरण के साथ मैं कार्यक्रम स्थल पहुंच गया। जब मेरी उनसे मुलाकात हुई, तो मैंने उनसे कहा, "सर,

मैं आपसे मिलने के लिए रात भर जागकर स्टेशन पर रुका रहा।" उन्होंने मेरी बात सुनकर मुझे ध्यान से देखा। उनकी आंखों में करुणा और समझ की झलक थी।

उन्होंने कहा, "बेटा, तुमसे कल विस्तार से बात करूंगा। यह लो मेरा नंबर। मुझसे समय लेकर मुझसे मिलो।" यह सुनकर मुझे ऐसा लगा जैसे मेरी मेहनत रंग लाई। यह छोटी-सी बात मेरे लिए बहुत बड़ी थी।

अगले दिन जब मैं उनसे मिलने गया, तो मैंने अपनी सारी कहानी, अपने संघर्ष और सपनों के बारे में उन्हें विस्तार से बताया। मैंने कहा, "सर, मेरे पास सब कुछ है—मेहनत करने का जज्बा, सपने देखने की हिम्मत, और रास्ता खोजने का जुनून। लेकिन मुझे सही दिशा की जरूरत है।"

उन्होंने मेरी बातों को बड़े ध्यान से सुना। फिर मुस्कुराते हुए बोले, "तुम्हारे जैसे जुनून वाले लोग कम होते हैं। मैं तुम्हारी पूरी मदद करूंगा। लेकिन याद रखना, मैं सिर्फ रास्ता दिखा सकता हूँ, चलना तुम्हें खुद होगा।"

उनके ये शब्द मेरे लिए किसी वरदान से कम नहीं थे। उन्होंने मुझे सलाह दी कि मैं अपने काम को सही ढंग से व्यवस्थित करूं और अनुशासन का पालन करूं। उनके मार्गदर्शन से मैंने अपने काम को नए सिरे से शुरू किया।

गुरुजी की मदद से मैंने अपने छोटे से ऑफिस की शुरुआत की। अब मेरे पास अपने सपनों को हकीकत में बदलने का एक ठोस रास्ता था। इसी बीच मेरा 12वीं का दोस्त रमन, जो कॉलेज की छुट्टियों में अक्सर मुझसे मिलने आता था, मेरी ज़िंदगी का अभिन्न हिस्सा बन गया।

रमन न केवल मेरा अच्छा दोस्त था, बल्कि मेरे संघर्ष में एक सच्चा साथी भी था। जब भी वह आता, पूरे दिल से मेरे साथ काम करता। वह कहता, "तेरे सपने मेरे भी सपने हैं। हम इसे जरूर पूरा करेंगे।" उसकी यह बातें मुझे नई ऊर्जा देतीं।

हम दोनों ने मिलकर दिन-रात मेहनत की। मैंने ग्राहकों तक पहुंचने के नए तरीके ढूंढे। धीरे-धीरे हमारा काम बढ़ने लगा। हमने और मशीनें खरीदीं और अपना दायरा बढ़ाया। अब हमारे पास नियमित आय का स्रोत था।

जब मेरे काम ने रफ्तार पकड़ी, तो मैंने अपने बचपन के सबसे बड़े सपने को पूरा करने का फैसला किया—हवाई यात्रा का सपना। मैंने दुबई की टिकट बुक की। यह मेरे जीवन का पहला मौका था, जब मैं प्लेन में बैठने जा रहा था।

गुरु शक्ति सर, मेरे दोस्त रमन, और मेरे संघर्ष—ये सभी मेरी कहानी के महत्वपूर्ण हिस्से हैं। इन तीनों ने मुझे सिखाया कि अगर आपमें अपने सपनों को पूरा करने का जुनून और मेहनत करने का साहस है, तो दुनिया की कोई ताकत आपको रोक नहीं सकती।

आज मैं जो कुछ भी हूँ, वह इन तीनों की वजह से हूँ। गुरुजी ने मुझे सही दिशा दिखाई, रमन ने मुझे सहारा दिया, और संघर्ष ने मुझे मजबूत बनाया। मेरी यह कहानी सिर्फ मेरी नहीं है; यह उन सभी के लिए है, जो अपने सपनों को हकीकत में बदलने का हौसला रखते हैं।

यह कहानी केवल सफलता की नहीं, बल्कि उन अनगिनत असफलताओं की है, जिन्होंने मुझे गिराया लेकिन हर बार उठने का साहस भी दिया। मैंने सीखा कि जीवन में हर ठोकर हमें सिखाने के लिए आती है। अगर हम उसे सही तरीके से समझें, तो कोई भी सपना अधूरा नहीं रहता।

मेरे गुरुजी ने कहा था, "अगर तुम खुद पर भरोसा रखते हो, तो दुनिया तुम्हारे साथ खड़ी होगी।" और आज मैं उनकी बात की सच्चाई को हर पल महसूस करता हूँ। उनकी सीख और मेरे अनुभव ने मुझे यह सिखाया कि संघर्ष की अंधेरी रातों के बाद ही सफलता का उजाला होता है।

15. पहला अहसास

जब विमान ने रफ्तार पकड़कर रनवे छोड़ा और आसमान में उठना शुरू किया, तो मेरी धड़कनें तेज हो गईं। यह कोई डर नहीं था, बल्कि उत्साह और रोमांच का मेल था। खिड़की के बाहर का नज़ारा जैसे मेरी मेहनत और सपनों का आईना बन गया था। नीचे धीरे-धीरे धरती छोटी होती जा रही थी, और मेरे अंदर की उम्मीदें बड़ी।

पहली बार जब मैंने आसमान की ऊंचाइयों को इतने करीब से महसूस किया, तो मानो वक्त थम सा गया। मेरे चारों तरफ सिर्फ एक नीलापन फैला था, और नीचे जो दिख रहा था, वह सफेद बादलों की एक अनंत चादर थी। ऐसा लगा जैसे यह सब किसी सपने जैसा था—एक ऐसा सपना जिसे जीते हुए मुझे खुद पर यकीन नहीं हो रहा था। हर पल आंखों में चमक और दिल में सुकून का एहसास था।

जब विमान ने ऊंचाई पर पहुंचकर अपनी स्थिरता पाई, तो मैंने खिड़की से बाहर देखा। चारों तरफ फैला असीम नीला आकाश

और उसके बीच सफेद बादलों के झुंड। ऐसा महसूस हो रहा था जैसे मैं किसी स्वप्नलोक में हूँ। बादलों की रूई जैसी कोमलता और सूरज की हल्की किरणें मन को शांत कर रही थीं। मैं सोच में पड़ गया—क्या यह सब सच है? क्या मैं वाकई इस पल को जी रहा हूँ?

यह नज़ारा सिर्फ खूबसूरत नहीं था, बल्कि मेरी आत्मा को छू लेने वाला था। ऐसा लगा जैसे मेरी मेहनत और संघर्ष ने मुझे इस अद्भुत अनुभव का तोहफा दिया है। बचपन से जिस हवाई जहाज को आसमान में उड़ते हुए देखा था, उसी के भीतर बैठकर दुनिया को इस नज़र से देखना मेरे लिए अविश्वसनीय था।

यह केवल उड़ान का रोमांच नहीं था। यह मेरी पहली अंतरराष्ट्रीय यात्रा भी थी। दुबई, वह शहर जिसे चमक और भव्यता का प्रतीक माना जाता है, मुझे अपनी ओर खींच रहा था। जैसे ही विमान दुबई के विशाल और भव्य एयरपोर्ट पर उतरा, मैं अपनी सीट पर बैठा सोच रहा था, "क्या यह सब सच है?"

जब मैंने दुबई की धरती पर पहला कदम रखा, तो मेरे दिल में गर्व और खुशी का अनोखा मेल था। यहां की गगनचुंबी इमारतें, सुनहरी रोशनी, और हर तरफ बिखरी समृद्धि मेरे लिए किसी दूसरी दुनिया का अनुभव था। मुझे लगा जैसे मैंने सिर्फ एक देश नहीं, बल्कि एक नई सोच और नई प्रेरणा के द्वार पर कदम रखा हो।

दुबई का हर पल मेरे लिए एक सबक था। वहां की ऊंची इमारतों और हर दिशा में सफलता की कहानियां मुझे यह सिखा रही थीं कि

सपने छोटे नहीं होने चाहिए। मैंने सोचा, "अगर यहां के लोग इतनी ऊंचाइयां छू सकते हैं, तो मैं क्यों नहीं?"

जब मैं बुर्ज खलीफा के सामने खड़ा था, तो मेरे दिल में एक अजीब सी उमंग थी। मैं उस इमारत को देख रहा था और सोच रहा था कि यह सिर्फ कंक्रीट और स्टील का ढांचा नहीं, बल्कि अटूट मेहनत और सपनों का प्रतीक है। यह मेरे लिए एक संदेश था—अगर आपमें जुनून और धैर्य है, तो आप भी आसमान को छू सकते हैं।

जब मैं दुबई से लौट रहा था, तो मेरी भावनाएं शब्दों में बयां करना मुश्किल था। ऐसा लग रहा था जैसे मेरे अंदर कोई नई ऊर्जा का प्रवाह हो रहा हो। विमान ने जैसे ही उड़ान भरी, मैंने खिड़की के बाहर देखा और मुस्कुरा दिया। यह मुस्कान उस संतोष की थी, जो हमें तब मिलता है, जब हम अपने सपनों के करीब पहुंचते हैं।

लेकिन जिंदगी की सबसे बड़ी सच्चाई यही है कि जब आप खुद को सबसे मजबूत महसूस करते हैं, तभी जिंदगी आपको परखने के लिए अप्रत्याशित मोड़ देती है। मैं अपने सपनों को पूरा करने की दिशा में आत्मविश्वास से आगे बढ़ रहा था, लेकिन मुझे अंदाजा नहीं था कि आगे जो आने वाला है, वह मेरे हौसले को पूरी तरह तोड़ने की कोशिश करेगा।

आज, जब मैं अपने जीवन के उस खूबसूरत पल को याद करता हूँ, जब मैंने पहली बार आसमान की ऊंचाइयों को छुआ था, तो मुझे

गर्व महसूस होता है। वह सिर्फ एक उड़ान नहीं थी, बल्कि मेरे सपनों की दिशा में पहला ठोस कदम थी।

उस पल ने मुझे यह सिखाया कि मेहनत और लगन से हर सपना पूरा किया जा सकता है। चाहे रास्ते में कितनी भी रुकावटें क्यों न आएं, अगर आपके दिल में अपने सपनों को लेकर सच्ची चाहत है, तो पूरी कायनात आपको उन्हें पूरा करने में मदद करती है।

आज भी, जब मैं किसी मुश्किल में होता हूँ, तो मैं उस पल को याद करता हूँ। वह पल मेरे लिए प्रेरणा का स्रोत है, जो मुझे हर मुश्किल से लड़ने की ताकत देता है। मैंने सीखा कि सपनों की ऊंचाई तक पहुंचने के लिए सिर्फ मेहनत और विश्वास की जरूरत है। और अगर आपमें वह है, तो कोई भी आपको रोक नहीं सकता।

16. नया मोड़

हमारा काम चलने लगा और हमारा कामनकद लेन-देन पर निर्भर था। मैंने अपने खून-पसीने से कमाए हर एक रुपये को संभालकर रखा था। वो पैसे मेरे लिए केवल कागज़ के टुकड़े नहीं थे; वो मेरे सपनों, मेरी मेहनत और मेरी उम्मीदों का मूर्त रूप थे। हर दिन जब मैं उस पैसे को देखता, तो मुझे लगता कि मैं अपने सपने की ओर एक कदम और बढ़ रहा हूं। मेरी आंखों में जो चमक और मेरे दिल में जो जोश था, वो इन पैसों के जरिए मेरे सपने को हकीकत बनाने की उम्मीद से जुड़ा था।

लेकिन एक सुबह, जब मैं जागा, तो मेरे जीवन का सबसे बड़ा झटका मेरा इंतजार कर रहा था। वो पैसे, जो मेरी मेहनत और संघर्ष की गवाही देते थे, अब वहां नहीं थे। सारे पैसे गायब हो चुके थे। मेरे दिल की धड़कन रुक सी गई। एक अजीब सी घबराहट मेरे भीतर उठी। मेरी आंखों के सामने अंधेरा छा गया, और ऐसा महसूस हुआ मानो मेरी ज़िंदगी की बुनियाद मेरे सामने ढह गई हो।

मैंने तुरंत इधर-उधर देखा, लेकिन कुछ समझ नहीं आ रहा था। मेरा दिमाग खाली था, और मेरे मन में सिर्फ एक सवाल गूंज रहा था—"अब क्या होगा?" मैंने जिन लोगों पर आंख बंद करके भरोसा किया था, वही लोग मेरी मेहनत और विश्वास के साथ खेल गए थे। बीस लाख रुपये, जो मेरी सालों की मेहनत का निचोड़ थे, एक झटके में मुझसे छिन गए थे।

उस दिन पहली बार मैंने खुद को इतना कमजोर और असहाय महसूस किया। ऐसा लगा जैसे मेरे सपनों की नींव किसी ने मेरी आंखों के सामने उखाड़कर फेंक दी हो। मेरे अंदर एक अजीब सी बेचैनी थी। मैंने खुद से सवाल किया—"क्या मेरा सपना यहीं खत्म हो गया? क्या मैं अब हार मान लूं?"

मैंने तुरंत घर फोन करके पापा को इस घटना की जानकारी दी। अगले ही दिन, मेरे पापा मेरे पास आ गए। उन्हें देखते ही मेरा मन भर आया। लेकिन उनकी आंखों में जो आंसू थे, उन्होंने मेरे दिल को चीर कर रख दिया। मैंने अपने पापा को इस तरह टूटते हुए दूसरी बार देखा था। उनकी आंखों में दर्द, चिंता और लाचारी का ऐसा भाव था, जिसने मुझे अंदर तक झकझोर दिया। ऐसा लगा मानो मैंने उन्हें निराश कर दिया हो।

हमने तुरंत पुलिस में शिकायत दर्ज कराई। अगले एक महीने तक हर दिन थाने के चक्कर काटे। हर बार उम्मीद लेकर जाते, लेकिन हर बार निराशा हाथ लगती। मेरी मेहनत, मेरी उम्मीद और मेरा

सपना हर दिन और धुंधला होता जा रहा था। उस समय ऐसा लगा जैसे पूरी दुनिया मेरे खिलाफ हो गई हो।

लेकिन इस दौरान मैंने एक चीज महसूस की—जीवन में हर बड़ी मुश्किल आपको कुछ सिखाने आती है। उस रात जब मैं अपने बिस्तर पर लेटा हुआ था, तो मेरे भीतर से एक आवाज आई, "अगर तूने यहां तक पहुंचने के लिए इतनी मेहनत की है, तो दोबारा क्यों नहीं कर सकता? तुझे किसी और से नहीं, बस खुद से लड़ना है।"

यह आवाज मेरे भीतर की हिम्मत थी, जो मुझे गिरने नहीं दे रही थी। मैंने अपने पापा से वादा किया कि मैं दोबारा खड़ा होऊंगा। मैंने अपने आंसुओं को बहने दिया, लेकिन उन्हें अपनी कमजोरी बनने नहीं दिया। मैंने खुद से कहा, "यह हार नहीं, एक सबक है।"

इस घटना ने मुझे जिंदगी का सबसे बड़ा सबक दिया—सपनों का रास्ता कभी आसान नहीं होता। बड़े सपनों की कीमत बड़ी होती है। मुझे एहसास हुआ कि गिरना असफलता नहीं है; असली असफलता तो तब होती है, जब हम गिरकर उठने की कोशिश नहीं करते।

मैंने खुद को संभाला और दोबारा मेहनत करने का फैसला किया। मैंने सीखा कि सपने देखने के लिए साहस चाहिए और उन्हें पाने के लिए उससे भी ज्यादा हिम्मत और धैर्य चाहिए। वो पैसे खो गए,

लेकिन उस घटना ने मुझे ऐसा इंसान बना दिया, जो अब किसी भी मुश्किल से लड़ सकता है।

आज जब मैं पीछे मुड़कर देखता हूं, तो उस दर्द और विश्वासघात की यादें ताजा हो जाती हैं। लेकिन साथ ही, मुझे गर्व भी होता है कि मैंने उस मुश्किल वक्त को पार किया। मैंने खुद को सिखाया कि असफलता सिर्फ एक पड़ाव है, मंज़िल नहीं। और अगर दिल में जुनून हो, तो हर मुश्किल को हराया जा सकता है।

इस घटना ने मेरी सोच और मेरे दृष्टिकोण को बदल दिया। अब मैं जानता हूं कि सफलता की राहें कभी आसान नहीं होतीं। लेकिन जो लोग अपने हौसले और मेहनत से डटे रहते हैं, वही अपने सपनों को सच करते हैं। मेरे लिए, यह सिर्फ एक अनुभव नहीं था; यह एक नई शुरुआत थी।

17. दुखों का पहाड़ और कोरोना

जिंदगी में दुःखों का सिलसिला जैसे थमने का नाम ही नहीं ले रहा था। पहले 20 लाख रुपये की चोरी ने मुझे भीतर तक झकझोर दिया। वह रकम सिर्फ पैसा नहीं थी, बल्कि मेरी मेहनत, मेरे सपनों और मेरे भविष्य की नींव थी। और फिर, जैसे समय ने मेरी कठिनाइयों को और बढ़ाने की ठान ली हो, कोरोना महामारी आ गई। लॉकडाउन की घोषणा ने मेरी बची-खुची उम्मीदों को भी तोड़ दिया। ऐसा लगा, जैसे मैं एक अंधेरी सुरंग में फंसा हुआ हूँ, जहां रोशनी की कोई किरण नजर नहीं आती।

इसी मुश्किल वक्त में मेरे भाई को गंभीर ऑपरेशन की जरूरत पड़ी। हालात ऐसे थे कि मैं उसे लेकर गांव वापस आ गया। गांव की शांति और परिवार का साथ थोड़ी राहत देता था, लेकिन अंदर से मेरा मन बेचैन था। मेरे सपने जो शहर की गलियों में पनप रहे थे, अब किसी अधूरे सपने की तरह बिखरे हुए लग रहे थे। हर रात खुद से यही सवाल करता, "अब क्या? क्या मैं हार मान लूं? या फिर एक और कोशिश करूं?" हर दिन इस संघर्ष के साथ शुरू होता और इसी बेचैनी में खत्म होता।

गांव में बिताए कुछ महीने जैसे समय को बस काटने का एक जरिया बन गए थे। सुबह सूरज की किरणें मेरी खिड़की पर दस्तक देतीं, लेकिन मन के भीतर एक अजीब सा खालीपन था। कोई योजना नहीं थी, कोई दिशा नहीं थी। लेकिन मेरे भीतर एक हल्की सी आवाज बार-बार मुझे दिलासा देती, "यह अंत नहीं है। यह बस एक परीक्षा है।"

जब लॉकडाउन समाप्त हुआ, तो मैंने शहर लौटने का निर्णय लिया। जानता था कि हालात पहले जैसे नहीं होंगे, लेकिन भीतर कहीं न कहीं विश्वास था कि अगर मैंने एक बार शुरुआत की है, तो इसे फिर से खड़ा कर सकता हूँ।

शहर लौटने पर जो देखा, उसने मेरे डर को सच कर दिया। बाजार खाली थे, दुकानदार निराश, और ग्राहक बिल्कुल नदारद। कोरोना ने हर किसी के मन में ऐसा डर पैदा कर दिया था, जो हमारे काम की संभावनाओं को खत्म कर रहा था। ऊपर से माल की बढ़ती कीमतें और आर्थिक संकट। एक वक्त ऐसा भी आया, जब लगा कि शायद मुझे अपने सपनों को अलविदा कह देना चाहिए।

लेकिन मैंने ठान लिया कि हार मानना मेरे बस की बात नहीं। मैंने अपने बचे हुए संसाधनों को इकट्ठा किया और काम को फिर से शुरू करने की ठानी। इस बार मैंने एक पिकअप गाड़ी खरीदी ताकि माल की ढुलाई में आसानी हो। यह निर्णय लेना आसान नहीं था। पहले से ही आर्थिक दबाव झेल रहा था, और इस नई जिम्मेदारी ने

मेरी परेशानी और बढ़ा दी। लेकिन मैं जानता था कि अगर आगे बढ़ना है, तो जोखिम लेना ही होगा।

धीरे-धीरे काम शुरू हुआ। ग्राहकों की संख्या कम थी, और बाजार अभी भी सुस्त था। ऐसा लगता था जैसे मैं एक ऐसी लड़ाई लड़ रहा हूँ, जिसका अंत नजर नहीं आता। हर छोटी जीत मुझे खुशी तो देती, लेकिन हर असफलता मेरी हिम्मत को तोड़ने की कोशिश करती।

जब जिंदगी हर तरफ से आपको परखने पर उतर आती है, तब आपके पास दो ही रास्ते होते हैं—या तो हार मान लें, या हर ठोकर को सीढ़ी बनाकर आगे बढ़ें। मेरे लिए यह कहानी सिर्फ संघर्ष और मेहनत की नहीं थी, यह मेरे सपनों की लड़ाई थी। और इस लड़ाई में, मेरे साथी मेरे सबसे बड़े सहारे बने।

हमने योजना बनाई। रमन ने अपने दो और दोस्तों को बुलाया। चारों ने मिलकर एक नई शुरुआत की। सुबह की पहली किरण फूटने से पहले, हम तड़के उठते और मंडी की ओर रवाना हो जाते। मंडी की भीड़, आवाजें, और ताजी सब्जियों की महक ने हमारी सुबहों को नया रंग दिया। वहां से हम ताजी सब्जियां खरीदते, उन्हें पूरी एहतियात के साथ पैक करते, और फिर अपनी पिकअप गाड़ी पर लादकर शहर के अलग-अलग घरों में डिलीवरी करते।

शुरुआत में यह काम बहुत छोटा और साधारण लगा। कभी-कभी ऐसा महसूस होता था कि क्या हम सही दिशा में जा रहे हैं? लेकिन जब लोगों ने हमारे काम को पहचानना शुरू किया और ऑर्डर

बढ़ने लगे, तो हमारी मेहनत रंग लाने लगी। सुबह 5 बजे से रात तक बिना रुके काम करना हमारी दिनचर्या बन गई। हर ऑर्डर को समय पर पहुंचाना हमारी प्राथमिकता थी।

हर घर तक पहुंचने का मतलब था उन परिवारों की मदद करना, जिन्हें लॉकडाउन के दौरान सब्जियां खरीदने में मुश्किल हो रही थी। हर मुस्कुराता चेहरा, हर "धन्यवाद" हमें अंदर तक छू जाता। उन दिनों हमने सीखा कि मेहनत का स्वाद कितना मीठा हो सकता है, भले ही हालात कितने भी कठिन क्यों न हों।

जैसे-जैसे काम बढ़ा, हमारी शारीरिक और मानसिक थकावट भी बढ़ने लगी। सब्जियों की पैकिंग, उनकी गुणवत्ता की जांच, समय पर डिलीवरी—हर चीज में मेहनत थी। हमारे शरीर थक चुके थे, लेकिन दिलों में जोश था। रात को मुश्किल से चार-पांच घंटे की नींद मिलती, लेकिन सुबह होते ही हम फिर से जुट जाते।

हम चारों के बीच जो एकजुटता थी, वही हमारी सबसे बड़ी ताकत थी। हम एक-दूसरे के लिए सिर्फ साथी नहीं थे, बल्कि परिवार बन चुके थे। जब कोई थक जाता, तो बाकी उसे हौसला देते। जब कोई हताश हो जाता, तो बाकी उसे आगे बढ़ने की प्रेरणा देते।

तभी अचानक, दूसरी लहर और लॉकडाउन की घोषणा हुई। यह खबर हमारे लिए जैसे एक नई चुनौती लेकर आई। पहले से ही मुश्किल हालात अब और भी जटिल हो गए थे। लेकिन हमने इसे

हार मानने की वजह नहीं बनने दिया। हमने तय किया कि चाहे जो हो, हम अपना काम जारी रखेंगे।

हालात कठिन थे। लोग डरे हुए थे। मंडी में सब्जियां कम हो रही थीं, और उनकी कीमतें बढ़ रही थीं। लेकिन हमारे इरादे मजबूत थे। हम जानते थे कि यह सिर्फ एक दौर है, और इसे पार करना ही हमारी असली परीक्षा है।

फिर एक दिन, हमारे एक साथी की तबीयत बिगड़ गई। डॉक्टरों ने उसे आराम करने की सलाह दी, और वह घर लौट गया। उसकी कमी ने हमें हिला दिया, लेकिन हमने हार नहीं मानी। अब हम तीन लोग रह गए थे। कुछ ही दिनों बाद, दूसरा साथी भी बीमार हो गया। उसकी गैरमौजूदगी ने हालात और कठिन बना दिए।

अब हम दो लोग बचे थे। हमने और ज्यादा मेहनत करनी शुरू की। लेकिन तभी तीसरे साथी की तबीयत भी खराब हो गई। और आखिरकार, मैं अकेला रह गया।

अब सारा काम मेरे कंधों पर था। सुबह से लेकर रात तक लगातार काम करना, सब्जियां खरीदना, पैक करना, डिलीवरी करना—यह सब मेरे लिए शारीरिक और मानसिक रूप से बहुत भारी था। थकावट और तनाव ने मेरी सेहत पर असर डालना शुरू कर दिया। आखिरकार, मैं भी बीमार पड़ गया।

उस वक्त ऐसा लगा, जैसे सबकुछ खत्म हो गया हो। हमारी मेहनत, हमारा जुनून—सब अधूरा रह गया। मैं घर के एक कोने में बैठा सोच

रहा था, "क्या यह मेरे सपनों का अंत है? क्या मेरी सारी कोशिशें बेकार हो गईं?" अंदर से एक अजीब सा खालीपन महसूस हो रहा था।

लेकिन तभी, मेरे भीतर कहीं गहरी आवाज आई। उसने कहा, "यह अंत नहीं है। यह सिर्फ एक पड़ाव है।" उस आवाज ने मुझे झकझोरा। उसने मुझे याद दिलाया कि संघर्ष कभी बेकार नहीं जाता। उसने मुझसे कहा कि हर असफलता एक नई शुरुआत का मौका होती है।

उस समय, जब सबकुछ अंधकारमय लग रहा था, मैंने महसूस किया कि जीवन की हर ठोकर हमें कुछ सिखाने के लिए होती है। संघर्ष आपकी ताकत को निखारता है, और कठिनाइयां आपको जिंदगी के असली मायने सिखाती हैं। मैंने यह भी समझा कि सफलता केवल मंजिल तक पहुंचने का नाम नहीं है। सफलता उस यात्रा का नाम है, जहां आप हर बार गिरने के बाद फिर से खड़े होते हैं।

मेरे साथी, मेरी मेहनत, और मेरे सपने—सबने मुझे यह सिखाया कि असली ताकत परिस्थितियों से नहीं, बल्कि हमारी सोच और हौसले से आती है।

जब मैं आज पीछे मुड़कर देखता हूँ, तो मुझे अपनी हर चुनौती में एक गहरा सबक दिखाई देता है। मैंने सीखा कि हार और जीत के

बीच की लड़ाई में सबसे बड़ा योद्धा वही होता है, जो अंत तक खड़ा रहता है।

सपने बड़े हों, तो संघर्ष भी बड़ा होगा। लेकिन अगर आपके भीतर खुद पर विश्वास है, तो दुनिया की कोई ताकत आपको रोक नहीं सकती। मैंने जाना कि कठिनाइयां हमारी राह में रोड़ा नहीं, बल्कि हमारे सपनों तक पहुंचने का जरिया होती हैं।

आज, जब मैं अपने सफर को देखता हूँ, तो समझता हूँ कि उम्मीद की छोटी सी लौ भी सबसे घने अंधेरे को खत्म कर सकती है। जीवन में हार और असफलता से मत डरें, क्योंकि ये ही आपकी सबसे बड़ी शिक्षिका होती हैं।

"हर अंधेरे के बाद उजाला जरूर आता है। बस उस उजाले तक पहुंचने के लिए धैर्य, हिम्मत, और विश्वास बनाए रखना जरूरी है।"

18. मौत की दस्तक

जून का महीना था। सूरज मानो आसमान से आग बरसा रहा था, और मेरे शरीर में ताकत का हर अंश खत्म हो चुका था। भूख जैसे मुझसे रूठ गई थी। जो भी खाता, वह किसी बोझ जैसा लगता। मुझे याद नहीं कि आखिरी बार खाने में स्वाद कब महसूस किया था। मेरी हालत इतनी खराब थी कि बिस्तर से उठना तो दूर, करवट लेना भी असंभव लग रहा था। शरीर जकड़ा हुआ, और मन एक अजीब से खालीपन में डूबा हुआ। जैसे मेरी जिंदगी का हर रंग कहीं गुम हो गया हो।

लॉकडाउन ने सबकुछ जैसे थाम दिया था। बाहर सन्नाटा पसरा हुआ था, सड़कों पर कोई हलचल नहीं थी। दुकानें बंद, बाजार सुनसान। इंसान तो छोड़िए, पक्षियों की चहचहाहट तक थम गई थी। मैं अकेले एक कमरे में बंद था, बीमारी से लड़ता हुआ। न कोई पास आने को तैयार, न कोई मदद करने वाला। यह बीमारी केवल मेरे शरीर को नहीं, बल्कि मेरे मन को भी खा रही थी।

गर्मी इतनी भयंकर थी कि शरीर जैसे भीतर से जलने लगा था। कमरे का पंखा बेबस था। उसकी हवा से कोई राहत नहीं मिल रही थी। मैंने एक पुराना हेयर ब्लोअर निकालकर मच्छरदानी के पास रखा था। जब उसे चालू करता, तो ठंडी हवा का भ्रम सा होता। लेकिन वह ठंडक क्षणिक थी। असली राहत तब मिलती, जब मैं पानी की बोतल से पेट पर पानी डालता। हर बूंद जैसे मेरे जलते शरीर को थोड़ी राहत देती।

रातें सबसे कठिन थीं। ऐसा लगता जैसे घड़ी की सुइयां थम गई हों। गर्मी की चुभन और बीमारी की थकावट के बीच मैं जागता रहता। मेरी सांसें भारी हो चुकी थीं। कभी-कभी ऐसा महसूस होता कि अब शायद अगली सुबह नहीं देख पाऊंगा। यह डर और बेचैनी मेरी मानसिक स्थिति को और बिगाड़ रहे थे।

इन सबसे बड़ा डर यह था कि अगर मैं घर जाऊं, तो कहीं मेरे कारण मेरा परिवार इस बीमारी का शिकार न हो जाए। यह ख्याल मुझे अंदर तक तोड़ देता था। परिवार की तस्वीरें मेरे सामने घूमतीं—मां की ममता, पिता की चिंता, और भाई-बहन के खिलखिलाते चेहरे। मैं उनसे दूर रहकर उन्हें सुरक्षित रखना चाहता था, लेकिन इस दर्द ने मेरे अंदर अकेलेपन की गहरी खाई बना दी थी।

धीरे-धीरे मेरी हालत इतनी बिगड़ गई कि मुझे समझ नहीं आ रहा था कि अब आगे क्या करूं। मेरे पास कोई रास्ता नहीं बचा था। अंदर ही अंदर टूटते हुए, मैंने घर लौटने का फैसला किया।

घर जाना आसान नहीं था। मेरा शरीर इतना कमजोर हो चुका था कि हर कदम उठाना किसी पहाड़ चढ़ने जैसा लग रहा था। मैं जैसे-तैसे खुद को घसीटते हुए घर पहुंचा। दरवाजे पर कदम रखते ही माता-पिता ने मुझे देखा। उनकी आंखों में चिंता और बेबसी के भाव थे। मेरी हालत देखकर वे सब समझ गए, लेकिन उन्होंने कुछ नहीं कहा।

मुझे सहारा देकर मेरे कमरे में ले जाया गया। मैं बिस्तर पर लेट गया और पहली बार, मेरी आंखों से आंसू बह निकले। ये आंसू कमजोरी के नहीं थे। यह उस राहत के थे कि मैं आखिरकार अपने परिवार के पास था। मेरे अंदर एक कश्मकश थी—मैं उन्हें खतरे में डाल रहा हूं, लेकिन उनकी उपस्थिति मेरे लिए सुकून थी।

घर पहुंचने के बाद, मेरी हालत और खराब होती गई। कभी गर्मी की तीव्रता से दम घुटने जैसा महसूस होता, तो कभी बुखार की ठंड से पूरा शरीर कांप उठता। कई बार मुझे लगा कि शायद अब मैं नहीं बचूंगा। लेकिन हर बार, मेरे अंदर एक आवाज उठती, "तुम हार नहीं सकते। यह वक्त भी गुजर जाएगा।"

इस संघर्ष ने मुझे जिंदगी का एक गहरा सबक सिखाया। मैंने समझा कि इंसान की असली ताकत उसके शरीर में नहीं, बल्कि उसके जज्बे में होती है। हर सांस जो मैं ले रहा था, वह मुझे यह याद दिला रही थी कि जिंदगी जीने का मतलब सिर्फ जिंदा रहना नहीं है। जिंदगी का असली मतलब है हर मुश्किल का सामना करना और उससे उभरना।

घर पर कुछ दिन बिताने के बाद, मेरी तबीयत धीरे-धीरे सुधरने लगी। मां के हाथों का खाना और परिवार का साथ जैसे मेरे लिए सबसे बड़ी दवा बन गए। हर गुजरते दिन के साथ, मैं थोड़ा बेहतर महसूस करने लगा। मैंने पहली बार राहत की सांस ली।

हालांकि मेरा शरीर अभी पूरी तरह ठीक नहीं हुआ था, लेकिन मन काम पर लौटने के लिए बेचैन था। अंदर से आवाज आती, "तुम्हें फिर से शुरुआत करनी होगी।" घरवालों ने सलाह दी कि थोड़ा और आराम कर लूं, लेकिन मैं जानता था कि आराम करने का मतलब था अपने सपनों से और दूर हो जाना।

कुछ दिन और रुकने के बाद, मैंने काम पर लौटने का फैसला किया। जब मैं अपनी दुकान पर पहुंचा, तो हर चीज वीरान थी। लेकिन उस वीराने के बीच, मुझे अपनी मेहनत और सपनों की गूंज सुनाई दी। मैंने ठान लिया कि चाहे कुछ भी हो, मैं अपनी शुरुआत फिर से करूंगा।

आज जब मैं उस दौर को याद करता हूं, तो मेरी आंखें नम हो जाती हैं। वह समय भले ही मेरे लिए सबसे कठिन था, लेकिन उसने मुझे मेरे जीवन की सबसे बड़ी सीख दी। उसने मुझे सिखाया कि संघर्ष जितना कठिन होगा, जीत उतनी ही सुंदर होगी।

"जिंदगी हमें बार-बार गिराएगी, लेकिन हर बार हमें उठने का मौका भी देगी। असली जीत वही है, जब हम हर गिरावट के बाद फिर से खड़े हो जाएं।"

यह अनुभव सिर्फ मेरे संघर्ष की कहानी नहीं है। यह उन सभी लोगों के लिए प्रेरणा है, जो अपनी जिंदगी की लड़ाई लड़ रहे हैं। क्योंकि अंत में, जीत उन्हीं की होती है जो कभी हार मानने को तैयार नहीं होते।

19. अलविदा

जिंदगी हमेशा सपने देखने और उन्हें पूरा करने का नाम नहीं होती; कभी-कभी यह उन सपनों को खोने और फिर से खड़े होने की कहानी होती है। मेरे लिए भी यही सच था। मेरे दोनों काम, जिन्हें मैंने अपने पसीने और मेहनत से खड़ा किया था, लॉकडाउन और परिस्थितियों की मार से बंद हो चुके थे। मेरे पास अब सिर्फ एक ही सहारा बचा था—अपना पिकअप ट्रक।

पिकअप चलाना, दूसरों का सामान इधर-उधर पहुंचाना, भले ही मेरे सपनों के करीब नहीं था, लेकिन उस वक्त यह मेरे लिए किसी वरदान से कम नहीं था। मैं जानता था कि जीवन में हर छोटा कदम भी मायने रखता है। दिनभर ट्रक चलाते हुए, थकावट से चूर होकर मैं रात में बिस्तर पर गिरता, लेकिन मन शांत नहीं था। हर रात खुद को समझाता कि यह सिर्फ एक पड़ाव है, और मेरी मंजिल अभी बाकी है।

ऐसे कठिन वक्त में, जब ज्यादातर लोग साथ छोड़ चुके थे, मेरी जिंदगी में एक शख्स था जिसने कभी मेरा साथ नहीं छोड़ा।

आरोही—वह सिर्फ मेरी दोस्त नहीं, मेरी ताकत थी। उसकी बातें, उसकी मुस्कान, और उसकी उपस्थिति मेरे जीवन के अंधेरों में रोशनी का काम करती थीं।

जब भी मैं टूटने की कगार पर होता, वह मेरे अंदर एक नई ऊर्जा भर देती। उसने मुझे सिखाया कि हारना गलत नहीं है, लेकिन हार मान लेना सबसे बड़ी गलती है। उसकी हिम्मत और मेरे प्रति उसका विश्वास मेरी कमजोरियों को ढक लेते थे। लेकिन मैं यह नहीं जानता था कि मेरी जिंदगी की सबसे कठिन परीक्षा अभी बाकी थी।

एक दिन, जब मैं काम से लौट रहा था, मुझे एक खबर मिली जिसने मेरी दुनिया को हिला दिया। आरोही की शादी तय हो गई थी। यह सुनकर ऐसा लगा जैसे किसी ने मेरी सारी खुशियों को मुझसे छीन लिया हो। मेरी आंखों के सामने अंधेरा छा गया। हमारे साथ बिताए हुए पल मेरी आँखो के सामने घूम रहे थे

मैंने अपने परिवार और उसके परिवार से कई बार विनती की कि वे हमारी बात मान लें। लेकिन जात-पात की दीवारें और समाज की बंदिशें इतनी मजबूत थीं कि हमारी आवाज उन तक पहुंच ही नहीं पाई। मैंने बार-बार कोशिश की, लेकिन हर बार मुझे असफलता ही मिली।

जब तक उसके परिवार वाले मेरी बात सुनने को तैयार हुए, तब तक बहुत देर हो चुकी थी। उसकी शादी की तारीख तय हो गई थी, और

वह अपने परिवार की जिम्मेदारियों को समझते हुए इस फैसले को स्वीकार कर चुकी थी।

उसके इस फैसले ने मुझे अंदर से तोड़ दिया। वह सिर्फ मेरी प्रेरणा नहीं थी, बल्कि मेरी हर भावना का केंद्र थी। अब जब वह मेरी जिंदगी से जा रही थी, तो मेरे पास उसे समझने वाला, मेरी परेशानियों में मेरा साथ देने वाला कोई नहीं बचा था।

दिन तो जैसे-तैसे काम में कट जाते, लेकिन रातें मेरी सबसे बड़ी दुश्मन बन चुकी थीं। हर रात उसके ख्यालों में जागते हुए बीतती। उसकी यादें मुझे चैन से सोने नहीं देतीं। मेरे दिल में एक सवाल बार-बार उठता था—जिसने हर घड़ी मेरा साथ दिया, उसे मैं आखिर में क्या देकर विदा करूं?

मैंने उससे आखिरी बार मिलने की गुजारिश की। उसने बिना किसी झिझक के इसे स्वीकार कर लिया। लेकिन मेरे लिए यह मुलाकात आसान नहीं थी। मैं नहीं जानता था कि उससे मिलकर अपनी भावनाओं को कैसे संभालूंगा।

मैंने उसके लिए एक खास तोहफा तैयार किया। यह एक खूबसूरत राधा-कृष्ण की मूर्ति थी, जो हमारे रिश्ते की गहराई और पवित्रता को दर्शाती थी। इसके साथ, मैंने उसके लिए एक खूबसूरत सूट खरीदा और अपनी भावनाओं को शब्दों में पिरोकर एक आखिरी कविता लिखी।

जब वह मुझसे मिलने आई, तो मैंने उसे उसके पसंदीदा पिज्जा का ट्रीट दिया। यह उसकी पसंदीदा चीज थी, और मैं चाहता था कि हमारी आखिरी मुलाकात उसकी मुस्कान के साथ खत्म हो।

पिज्जा खाते समय, मैंने उसे अपनी लिखी आखिरी कविता सुनाई। मेरे शब्द सीधे मेरे दिल से निकले थे।

कविता

"आज तक संभाल रखी है हर चीज़ तेरी

आज तक संभाल रखी है हर तस्वीर तेरी।

तुम्हारे जाने से सिमट गया हूँ मैं,

हर एक मोती की तरह माला से बिखर गया हूँ मैं।

ज़िंदगी का हर पहलू सिखाने वाली,

तेरी हर खुशी से बिखर गया हूँ मैं।

सोचा था तू तो मेरी है, कहाँ जाएगी,

तेरे जाने से ज़िंदगी में ठहर गया हूँ मैं।

तुझसे पता नहीं कौन सा नाता था ये,

सब कुछ होते हुए भी अकेला हो गया हूँ मैं।

इस दुनिया की हर बुराई से बहुत दूर हो तुम,

तुम, तुम हो, इस जहां का नूर हो तुम।

एक दोस्त की तरह संभाला था तुमने,

हर मोड़ पर संवारा था तुमने।

ज़िंदगी की कशमकश से उलझा हुआ हूँ,

सुलझाकर रास्ता दिखाया था तुमने।

अच्छा हर पल वो हसीन था,

जो हमने साथ बिताया था।

संजोग था मिलना या नसीब हमारा था,

जो जीवन का इतना अरसा हमने साथ गुज़ारा था।

वाह रे दुनिया, तुम करो तो सही, और हम करें तो नाकारा था।

वाह रे दस्तूर-ए-ज़िंदगी, क्या-क्या सिखा दिया जीवन के इस छोटे से सफर में।

मिला तो नहीं हमें हमारा प्यार,

पर ज़िंदगी का पाठ पढ़ लिया।

और जीवन भर के लिए एक अच्छा एहसास और सच्चा यार पा लिया।"

उसकी आंखों में आंसू थे। वह चुपचाप मेरी कविता सुन रही थी। उसकी खामोशी ने मेरी भावनाओं को और भी गहरा बना दिया।

मुलाकात खत्म होने के बाद, उसने वह तोहफा लिया और बिना कुछ कहे चली गई। मैं वहीं खड़ा रह गया, उसे जाते हुए देखता। उसकी विदाई ने मेरी जिंदगी में एक खालीपन छोड़ दिया, जिसे कोई नहीं भर सकता था।

वह दिन मेरी जिंदगी का सबसे कठिन दिन था। मैंने उस दिन सिर्फ अपनी प्रेरणा को नहीं खोया, बल्कि खुद का एक हिस्सा भी खो दिया। लेकिन उसकी यादें, उसकी बातें और उसकी हिम्मत आज भी मेरे साथ हैं।

उस दिन, जब मैंने उसे विदा कहा, मेरी आंखें आंसुओं से भरी हुई थीं। मैंने कोशिश की कि मेरे चेहरे पर कोई भाव न झलके, लेकिन मेरा दिल पूरी तरह बिखर चुका था। उसके चेहरे पर भी एक दर्दभरी मुस्कान थी, जो इस बात का संकेत थी कि वह भी इस अलविदा को स्वीकार नहीं करना चाहती थी।

हम दोनों के बीच एक खामोशी थी, जो शब्दों से कहीं ज्यादा बोल रही थी। मैंने उसकी आंखों में देखा, और मुझे महसूस हुआ कि वह भी उतनी ही टूट चुकी थी जितना मैं। लेकिन हम दोनों ने इसे स्वीकार किया, क्योंकि शायद यही जिंदगी का सच था।

जब मैं वहां से लौटा, तो ऐसा लगा जैसे मेरा दिल उसी जगह छूट गया हो। मेरा हर कदम भारी था। गाड़ी चलाते वक्त मैं सड़क पर था,

लेकिन मेरा मन कहीं और। उसके जाने का ख्याल मेरे दिल को बार-बार चीर रहा था। हर बार उसकी मुस्कान, उसकी बातें और उसका सहारा याद आता, और मेरी आंखें फिर से भर आतीं।

उसके जाने के बाद मेरी जिंदगी में एक अजीब-सा खालीपन आ गया था। सुबह उठने के बाद से लेकर रात सोने तक, हर पल मुझे उसकी यादें घेर लेतीं। मैं काम पर जाता, लेकिन मेरा ध्यान कहीं और होता। मैं लोगों से बातें करता, लेकिन मेरे शब्द खोखले लगते।

रातें तो जैसे मेरी सबसे बड़ी दुश्मन बन गई थीं। हर रात, मैं बिस्तर पर लेटता और उसकी यादों में खो जाता। उसकी हंसी, उसकी बातें, उसकी मौजूदगी—ये सब मेरे जहन में बार-बार घूमती रहतीं। मैं उसकी तस्वीर देखता, और हर बार मेरी आंखों से आंसू बहने लगते।

कभी-कभी, मैं खुद से सवाल करता, क्या मैंने सब कुछ करने की कोशिश की थी? क्या मैं उसे रोक सकता था? लेकिन मेरे पास इन सवालों का कोई जवाब नहीं था। मैं जानता था कि उसने अपने परिवार की जिम्मेदारियों को समझते हुए फैसला लिया था, और मैं उसकी इस समझदारी की कद्र करता था। लेकिन फिर भी, उसका जाना मेरे लिए एक ऐसा घाव था, जो शायद कभी नहीं भर सकता।

उसने मेरे जीवन में जो जगह बनाई थी, उसे कोई भी नहीं भर सकता था। वह सिर्फ मेरी साथी नहीं थी, बल्कि मेरी प्रेरणा थी। उसने मुझे सिखाया था कि कठिन समय में भी हार नहीं माननी चाहिए। जब मैं

सबसे ज्यादा टूटा हुआ था, तब वह मेरे साथ खड़ी थी। उसने मुझे गिरने नहीं दिया। और अब, जब वह मेरे साथ नहीं थी, तो मैं उसकी दी हुई सीख को अपने अंदर महसूस कर सकता था।

उसने मुझे यह भी सिखाया कि सच्चा प्यार हमेशा आपके पास नहीं रहता। लेकिन वह आपको इतना मजबूत बना देता है कि आप अपनी जिंदगी की हर मुश्किल को पार कर सकते हैं। उसका प्यार मेरे जीवन का हिस्सा था, और अब उसकी यादें मेरी ताकत बन गई थीं।

कई बार, मैं उसकी पसंदीदा जगहों पर जाता। उस कॉफी शॉप में, जहां हम घंटों बैठकर बातें किया करते थे। उस पार्क में, जहां उसने पहली बार मुझे अपनी परेशानियों के बारे में बताया था। हर जगह उसकी मौजूदगी महसूस होती।

उसके पसंदीदा गाने सुनते समय, ऐसा लगता जैसे वह मेरे साथ बैठी है। उसकी आवाज मेरे कानों में गूंजती रहती। मैंने उसकी दी हुई चीजों को संभालकर रखा था। राधा-कृष्ण की वह मूर्ति, जो मैंने उसे दी थी, और वह सूट, जिसे उसने पहनने का वादा किया था। ये सब मेरे लिए अनमोल खजाने बन गए

उसके जाने के बाद, मैंने महसूस किया कि प्यार में सबसे बड़ी ताकत उसे स्वीकार करना है। यह स्वीकार करना कि हर रिश्ता हमेशा के लिए नहीं होता, लेकिन वह आपको कुछ न कुछ सिखा

जरूर जाता है। और सबसे बड़ी चुनौती उसे जाने देना है, बिना किसी शिकायत के।

मैंने खुद को यह समझाया कि वह जहां भी है, खुश है। और उसकी खुशी में ही मेरी खुशी है। उसने मुझे प्यार का असली मतलब सिखाया था—बिना किसी स्वार्थ के किसी की भलाई के बारे में सोचना।

उस खालीपन और दर्द के बीच, मैंने खुद को संभालने का फैसला किया। मैंने अपनी जिंदगी को एक नई दिशा देने की ठानी। मैंने सोचा, अगर वह मुझे देख रही होगी, तो वह यही चाहेगी कि मैं मजबूत बनूं।

उसकी दी हुई प्रेरणा और उसकी यादें मेरे जीवन का हिस्सा बन गईं। आज भी, जब मैं मुश्किलों का सामना करता हूं, तो उसकी बातें मुझे सहारा देती हैं। मैं उसके संघर्ष और उसकी ताकत को याद करता हूं और अपनी राह पर आगे बढ़ता हूं।

उसके जाने ने मुझे यह सिखाया कि जिंदगी हमेशा आसान नहीं होती। कभी-कभी, वह आपको सबसे बड़ी चुनौतियों का सामना करवाती है। लेकिन अगर आप इन चुनौतियों को स्वीकार करते हैं और उनसे सीखते हैं, तो आप एक बेहतर इंसान बन सकते हैं।

आज भी, उसकी यादें मेरे दिल में जिंदा हैं। उसकी प्रेरणा मेरे हर कदम में झलकती है। मैंने सीखा कि प्यार सिर्फ किसी के साथ होने

का नाम नहीं है। प्यार उस एहसास का नाम है, जो आपको मजबूत बनाता है।

"प्यार भले ही अधूरा रह जाए, लेकिन उसकी यादें आपको हमेशा जीने की ताकत देती हैं।"

20. विश्वासघात

उस वक्त मेरी जिंदगी में हर चीज बिखरी हुई थी। मैं अंदर से पूरी तरह टूट चुका था। सपने, उम्मीदें, और रिश्ते—सब कुछ धुंधला लग रहा था। मेरी आर्थिक स्थिति खराब थी, और भावनात्मक रूप से मैं पूरी तरह अकेला महसूस कर रहा था। लेकिन उस मुश्किल घड़ी में मेरे पास जो एकमात्र सहारा बचा था, वह मेरा दोस्त रमन था।

रमन मेरे लिए सिर्फ एक दोस्त नहीं, बल्कि भाई जैसा था। उसने मेरी जिंदगी के हर उतार-चढ़ाव में मेरा साथ दिया था। मेरे दिल में उसके लिए जो इज्जत और भरोसा था, वह शब्दों से परे था। इसलिए जब उसने मुझसे मदद मांगी और कहा कि वह पटना में मशीन लगाना चाहता है, तो मैंने बिना सोचे-समझे अपने ऑफिस की मशीने उसे दे दीं।

उस वक्त मैं इतना कमजोर था कि मुझे सही-गलत का अंदाजा भी नहीं हो पा रहा था। मैंने सोचा, अगर मैं रमन की मदद करता हूं, तो शायद यह मेरी जिंदगी में कुछ अच्छा लेकर आएगा। मैं उसकी

छोटी-छोटी गलतियां नजरअंदाज करता गया, यह सोचकर कि वक्त के साथ सब ठीक हो जाएगा। लेकिन मुझे क्या पता था कि जिसे मैं अपना सहारा मान रहा था, वह मेरी कमजोरी का फायदा उठाने वाला है।

धीरे-धीरे रमन की नीयत बदलने लगी। उसने मुझे धोखा देना शुरू कर दिया। मेरे पैसे, मेरी मशीने—सबका इस्तेमाल उसने अपने फायदे के लिए किया। उसने जो वादे किए थे, उन्हें निभाने से मुंह मोड़ लिया। मुझे जब सच्चाई का अहसास हुआ, तो ऐसा लगा जैसे किसी ने मेरे पैरों तले से जमीन खींच ली हो।

मैंने उससे बात करने की कोशिश की, यह जानने के लिए कि आखिर उसने ऐसा क्यों किया। लेकिन उसकी बेरुखी और झूठे बहाने मेरे जख्मों को और गहरा कर गए। यह वह इंसान था, जिसे मैंने अपने सबसे बुरे वक्त में भरोसेमंद समझा था। और अब वही मेरे दर्द का कारण बन गया था।

रमन का यह विश्वासघात मेरे लिए किसी तूफान से कम नहीं था। लेकिन शायद मैं उस समय इतना टूटा हुआ था कि मेरे अंदर गुस्सा करने की भी ताकत नहीं बची थी। उस दिन, मैंने न उससे अपने पैसे मांगे, जो मेरे हिस्से के बनते थे, और न ही उस मशीन की कीमत। मैंने बस उसके साथ हर रिश्ता खत्म कर लिया।

मेरा दिल भारी था, लेकिन मैंने एक फैसला कर लिया था—अब मैं किसी पर आसानी से भरोसा नहीं करूंगा।

उस धोखे के बाद, मेरी जिंदगी में जैसे और भी सन्नाटा छा गया। मैं खुद को हर तरफ से घिरा हुआ महसूस करता। पहले मेरी जिंदगी की मुश्किलें मुझे तोड़ रही थीं, और अब मेरे अपने लोग भी मुझे छोड़ रहे थे। यह एहसास, कि जिन लोगों पर आप सबसे ज्यादा भरोसा करते हैं, वही आपको सबसे गहरा घाव दे सकते हैं, मुझे अंदर तक झकझोर गया।

धीरे-धीरे, मेरे आस-पास के लोग भी मुझसे दूर होने लगे। हर रिश्ता एक-एक करके टूटता चला गया। दोस्त, जो कभी मेरी ताकत थे, अब सिर्फ यादों में रह गए थे। और फिर एक दिन ऐसा आया, जब मैं पूरी तरह अकेला रह गया।

उस वक्त मुझे समझ आया कि इस दुनिया में कोई भी हमेशा आपका साथ नहीं देता। अगर कोई आपका सहारा बन सकता है, तो वह सिर्फ आप खुद हैं। यह अकेलापन भले ही तकलीफदेह था, लेकिन इसने मुझे अंदर से मजबूत बनाया।

उस दौर ने मुझे जिंदगी का सबसे बड़ा सबक सिखाया। उसने मुझे यह समझाया कि भरोसा सोच-समझकर करना चाहिए। आपकी कमजोरियां तब तक सुरक्षित हैं, जब तक आप उन्हें किसी और के सामने उजागर नहीं करते। और सबसे अहम बात—आपकी ताकत सिर्फ और सिर्फ आपके अपने अंदर होती है।

अब, जब मैं उस समय को याद करता हूं, तो मुझे लगता है कि यह सब मुझे सिखाने के लिए हुआ था। वह धोखा, वह अकेलापन, वह संघर्ष—सबने मुझे एक मजबूत इंसान बनाया।

मैंने अपनी जिंदगी को फिर से संवारने का फैसला किया। मैंने अपने लिए नए लक्ष्य बनाए और अपनी गलतियों से सबक लेकर आगे बढ़ा। मैंने सीखा कि जिंदगी में कितने भी बुरे हालात क्यों न हों, आपको हार मानने की जरूरत नहीं है।

आज, मैं एक नई सोच और ताकत के साथ खड़ा हूं। मैं जानता हूं कि लोग आएंगे और जाएंगे, हालात बदलेंगे, लेकिन मुझे खुद पर यकीन रखना है। क्योंकि आखिरकार, जो इंसान अपने दम पर खड़ा हो सकता है, वही सच में सबसे मजबूत होता है।

"धोखा और अकेलापन आपको तोड़ सकते हैं, लेकिन यह आप पर निर्भर करता है कि आप टूटे हुए टुकड़ों से खुद को कैसे जोड़ते हैं।"

21. प्रारंभ

जब मैं पीछे मुड़कर देखता हूं, तो समझ आता है कि जिंदगी ने हर मोड़ पर मुझे परखा और हर बार मुझे गिरने के बाद संभलने का मौका दिया। हर हार ने मुझे कमजोर किया, लेकिन हर बार मैं खुद को थोड़ा और मजबूत बनाकर खड़ा हुआ। शुरुआत छोटी-छोटी कोशिशों से हुई। मैं उन कामों को अपनाने लगा, जिन्हें पहले मैं शायद नजरअंदाज कर देता। जो भी अवसर मिला, मैंने उसे गले लगाया।

धीरे-धीरे, मेहनत का फल मिलने लगा। मेरा व्यापार रफ्तार पकड़ने लगा और पैसों का प्रवाह शुरू हो गया। आर्थिक स्थिति बेहतर होने लगी, लेकिन मेरे दिल में कहीं एक चिंगारी हमेशा जलती रहती थी। वह चिंगारी थी मेरे बचपन के उस सपने की, जिसे मैंने कभी नहीं भुलाया था—पायलट बनने का सपना।

उस चिंगारी को हकीकत में बदलने के लिए, मैंने कुछ बड़े और साहसी फैसले लिए। अपने सपने को पूरा करने के लिए, मैंने अपने घर को बेचने का फैसला किया। यह निर्णय मेरे लिए आसान नहीं

था। उस घर में मेरी कई यादें बसी थीं। लेकिन मुझे पता था कि अगर मुझे आगे बढ़ना है, तो मुझे इस त्याग के लिए तैयार रहना होगा।

घर बेचकर मैंने एक जमीन खरीदी। वह जमीन मेरे लिए सिर्फ एक संपत्ति नहीं थी, बल्कि मेरी नई शुरुआत का प्रतीक बन गई। उस जमीन पर मैंने न केवल अपना ऑफिस बनाया, बल्कि उसे अपनी मेहनत और संघर्ष की कहानी का हिस्सा भी बना दिया।

जब मेरा व्यापार स्थिर हो गया और मैंने उसे एक मुकाम पर पहुंचा दिया, तो मैंने अपना कारोबार अपने पार्टनर को सौंप दिया। अब मेरे पास न तो किसी का साथ था और न ही कोई बाहरी जिम्मेदारी। मेरे पास बस एक ही चीज थी—मेरा सपना।

सपना साकार करने की दिशा में पहला कदम उठाते हुए, मैंने अपनी कार और पिकअप बेच दी। ये वही वाहन थे, जिन्होंने मेरे संघर्ष के दिनों में मेरा साथ दिया था। इन्हें छोड़ना मेरे लिए भावनात्मक रूप से कठिन था, लेकिन मैंने यह तय कर लिया था कि मेरा सपना इनसे बड़ा है।

मैंने पायलट बनने की तैयारी शुरू कर दी। लेकिन यह रास्ता बिल्कुल आसान नहीं था। जब मैंने पहली बार पायलट कोर्स के लिए आवेदन किया, तो मुझे ठुकरा दिया गया। वह दिन मेरी जिंदगी का सबसे बड़ा झटका था। ऐसा लगा, जैसे मेरा सपना मुझसे दूर हो

गया हो। लेकिन उस दिन मैंने यह भी सीखा कि असफलता केवल एक सीढ़ी है, जिसे पार करना जरूरी होता है।

पहली असफलता के बाद, मैंने खुद पर काम करना शुरू किया। दिन-रात मेहनत की। अपनी कमजोरियों को पहचाना और उन्हें सुधारने में लग गया। मैंने हर परीक्षा की तैयारी की, और जब दोबारा मौका मिला, तो मैंने एक-एक करके सारे पेपर पहली बार में ही पास कर लिए। यह मेरे जीवन की पहली बड़ी जीत थी।

लेकिन यह जीत सिर्फ शुरुआत थी। इसके बाद मैंने मेडिकल टेस्ट कराया, जो मेरे करियर के लिए बेहद महत्वपूर्ण था। हर प्रक्रिया को सफलतापूर्वक पार करना आसान नहीं था, लेकिन मैंने हार नहीं मानी।

इस मुकाम तक पहुंचने में मुझे पूरे दस साल लग गए। ये दस साल सिर्फ मेहनत और त्याग से भरे हुए नहीं थे, बल्कि हर कदम पर सीखने और खुद को बेहतर बनाने का समय भी थे। इस दौरान मैंने कई बार असफलता का सामना किया, लेकिन हर बार मैंने उससे सीख लेकर खुद को मजबूत किया।

हर दर्द, हर त्याग, और हर रात जो मैंने अकेले बिताई, वे सब मुझे यह याद दिलाते हैं कि मैंने यह सफर क्यों शुरू किया था। मेरे लिए ये दस साल केवल संघर्ष का समय नहीं थे, बल्कि खुद को पहचानने, मजबूत बनाने, और अपने सपने के लिए पूरी तरह समर्पित होने का समय था।

(आज का दिन)

आज जब मैं अपने सपने को साकार करने के इतने करीब हूं, तो पीछे मुड़कर देखने पर मुझे एहसास होता है कि यह सफर कितना महत्वपूर्ण था। अब मेरी उड़ान केवल ऊंचाई तक पहुंचने की नहीं है, बल्कि उन लोगों के लिए प्रेरणा बनने की है, जो अपने सपनों को पूरा करने की हिम्मत रखते हैं।

मैंने सीखा है कि सपने सिर्फ देखे नहीं जाते, बल्कि उनके लिए हर त्याग, हर संघर्ष, और हर दर्द सहा जाता है। जब आप अपने सपने के लिए सब कुछ दांव पर लगाने के लिए तैयार हो जाते हैं, तभी जिंदगी आपको वह देती है, जिसकी आप उम्मीद करते हैं।

"सपने सिर्फ ऊंचाइयों तक पहुंचने के लिए नहीं होते। वे हमें सिखाते हैं कि हमारी ताकत हमारे अंदर ही है। हर असफलता, हर संघर्ष, और हर जीत हमारी कहानी का हिस्सा बनती है। और जब आप अपने सपने की ऊंचाई तक पहुंचते हैं, तो यह सिर्फ आपकी जीत नहीं होती, यह उन सबकी उम्मीदों की जीत होती है, जिन्होंने कभी सपने देखने की हिम्मत की थी।"

"हर राह, हर मंज़िल, हर किसी के लिए समान नहीं होती।

किसी के लिए आसान, तो किसी के लिए आसान नहीं होती।"

जारी रहेगा...

भाग-2 (सफलता की उड़ान)

www.ingramcontent.com/pod-product-compliance
Lightning Source LLC
LaVergne TN
LVHW041613070526
838199LV00052B/3129
* 9 7 8 9 3 6 7 8 3 7 9 9 3 *